YOU'RE INVITED

Jon Levy

The
Art and Science
of Cultivating
Influence

# 高维社交

## 如何
## 与
## 有影响力的人
## 建立联系

[美] 约翰·利维 著

董亚丽 刘笑妍 译

新华出版社

**图书在版编目（CIP）数据**

高维社交：如何与有影响力的人建立联系 /（美）约翰·利维著；董亚丽，刘笑妍译 .
-- 北京：新华出版社，2024. 12.
-- ISBN 978-7-5166-7667-7

Ⅰ . C912.3-49

中国国家版本馆 CIP 数据核字第 2024AL2105 号
著作权合同登记号：01-2022-5801

YOU'RE INVITED: The Art and Science of Cultivating Influence by Jon Levy
Copyright © 2021 by Jon Levy
Published by arrangement with Harper Business, an imprint of HarperCollins Publishers
ALL RIGHTS RESERVED
中文简体版专有出版权归新华出版社

**高维社交：如何与有影响力的人建立联系**
**作者：**（美）约翰·利维　　　　**译者：**董亚丽，刘笑妍
**出版发行：**新华出版社有限责任公司
　　　　　　（北京市石景山区京原路 8 号　邮编：100040）
**印刷：**三河市君旺印务有限公司

**成品尺寸：**145mm×210mm　1/32　　　**印张：**9.25　**字数：**180 千字
**版次：**2025 年 1 月第 1 版　　　　　　**印次：**2025 年 1 月第 1 次印刷
**书号：**ISBN 978-7-5166-7667-7　　　　**定价：**68.00 元

# 目　录

# 第一部分
# 影响力方程

# 第一章

# 邀请的力量

那是 1961 年的秋天，珍·尼迪奇正经历着她所谓的"平淡无奇的一天"。她自称家庭主妇，来自纽约皇后区，38 岁，身高 1.7 米，体重 194 斤。依照她自己的看法、邻居的看法，以及除了她慈爱的丈夫之外的几乎所有人的看法，她都超重了。她穿着一件 44 码的宽大连衣裙，为了使自己对身材的感觉更好些，她在裙子上重新贴上了 20 码的标签，然后再去超市购物。结账时，她觉得有必要向店员保证所有饼干都是买给孩子吃的，但事实上，她会把它们藏在洗手间里，到了晚上，她会在那里狂吃掉整整一盒。正当她在超市的过道上溜达时，一位熟人称赞她看起来很棒。这些客气话对珍来说很受用，然而，那个女人随后问的是："你的预产期在什么时候？"珍顿时感到很羞愧。原来，那个女人以为珍怀孕了。回到家，珍对着镜子发誓，要将这句话作为下定决心减肥的动力。珍相信，只要自己有自制力和决心就能达到目标。然而，她错了。

任何曾经下过决心减肥的人都知道，仅靠努力和自制力是不够的。为了达到健康的体重，珍尝试了所有古怪的计划，从只吃鸡蛋或葡萄柚到挨饿，再到尝试她在杂志上读到的最近由名人推荐的饮食时尚。她也总能减掉几斤，但当她伸手去拿她最喜欢吃的食物时，她又会放纵地、过度地享用，于是，体重会再增加回来，而且通常还会再多长几斤肉。几年后，她意识到，如果想减肥并保持体重，她需要采用一种不同的方法。一年后，珍减掉了65斤，但真正不同寻常的是，在接下来的53年里，她不仅保持着体重，而且还帮助全世界数以千万计的人减掉了总数达几亿斤的体重，还可能因此挽救了无数生命。在此过程中，珍·尼迪奇成了千万富翁和国际名人，而这一切都发生在她的信用卡持有人名字依然还是马蒂·尼迪奇夫人的时代。如果你听说过慧俪纤体国际公司（Weight Watchers International），那是因为珍明白了人际联系和社群效应的重要性。

珍曾是一位体重超标的家庭主妇，但她希望自己变得更健康，而弗雷德里克·贝利的故事却与此大不相同。尽管这两个故事相隔120多年，并且在各自所面临的挑战和行为动机方面无法相比，但经仔细研究，你会发现两者之间有着难以置信的强大联系。

那是1838年9月3日，如果说弗雷德里克当时很焦虑，就太过于轻描淡写了。作为一个逃亡的奴隶，他知道自己的生命岌岌可危。如果被抓到，他会受到折磨，有可能被枪杀，或者被恶狗撕成碎片，然后被拿来警戒众人。

他的计划是：在火车从马里兰州（一个奴隶州）的巴尔的摩开往宾夕法尼亚州（一个自由州）的费城时跳上火车，这样可以避免引起注意。上车后，他将与其他黑人乘客一起被隔离在"黑人车厢"里。他希望，火车的颠簸和车上的忙碌会使列车长注意不到他文件中的不符之处。也就是说，他不会被人认出或在边境被抓获或逮捕。为了骗过列车长，弗雷德里克设法从当地一名自由水手那里借到了文件，他穿着红色衬衫、戴着帽子、打着领结，将自己打扮成水手模样。[1] 如果幸运，凭借这些文件、装扮和他关于船舶的知识（他曾被迫在造船厂工作了一段时间）足以消除对他的怀疑。当列车长走来的时候，弗雷德里克把盖有显眼印章——用来证明其真实性——的文件递给他。列车长几乎没有看一眼就继续往前走了，就这样，弗雷德里克通过了他的第一次挑战。第二天，他从火车上下来，上了渡轮，再转乘火车，然后再乘汽船，最后抵达费城。在每个关口，他都避免了被警察或领赏金者抓获的可能性，也避开了许多只要注视时间够长就可能认出他的人。抵达费城后，他搭乘末班车前往纽约，第二天早上，他就成了自由人。

三年后，为避免再次被捕而改姓道格拉斯的弗雷德里克接受邀请，出席了美国反奴隶制协会（AASS）的会议。[2] 该会议由宣传废奴主义的报纸《解放者》的发行人和AASS 的联合发起人威廉·劳埃德·加里森（William Lloyd Garrison）主持。道格拉斯受邀分享了自己的故事。加里森听完道格拉斯的演讲后立刻意识到，道格拉斯有可能成为该运动中的重要人物。然而，彼时的道格拉斯不曾预料到的是，借助于影响力方程式和邀请的力量——我们以后将详细探讨这两点——弗雷德里克的公开演讲和写作将在废除奴隶制的运动中，在亚伯拉罕·林肯的选举中，以及在他和黑人同胞们、妇女和儿童争取应得的自由中，发挥关键作用。

珍的目标和废奴主义者的目标明显不同，这也是我选择他们的故事的原因。他们之间不仅相隔一个多世纪，而且种族、宗教、文化和要达到的目标也各不相同。珍致力于帮助各行各业的人们找回健康，属于为个人目标而奋斗。毕竟，世界上每年至少有 280 万人因肥胖相关原因而死亡。[3] 废奴主义者是为社会和道德而战，给予受奴役的人类自由和平等。尽管他们的旅程和使命截然不同，但他们取得成功的原因是一样的：他们找到了一种将人们聚集在一起并在他们之间建立深刻而有意义的联系的方法。

后来，通过一次纯私人性质的旅行，我开始意识到建立有意义的关系的重要性。在我还不到 30 岁的时候，我的债务不断增加，创业失败，体重超标，我在半个多世纪以来最严重的经济衰退中挣扎。我成了"没有发挥出潜力者"的典型代表。

幸运的是，我能够把珍实施的减肥计划以及美国反奴隶制协会（AASS）传播信息的策略拼凑起来，进行科学研究。我的研究包括人类行为学、神经科学、经济学，以及希望借此在个人和事业上带来成功的决策制定。对我来说，研究结果改变了我的生活。事实上，它引人注目，并开启了我作为行为科学家、顾问和研究员的职业生涯。至少可以这么说：我利用这些洞见做到的事让人感觉颇为震撼。我说服了完全陌生的人，其中许多人是各行各业最有影响力的人，让他们为我做饭。在十年的时间里，这顿晚餐已成为在许多人看来是他们经历过的最为独特的用餐体验。

我的晚餐是这样策划的：我们一次接待 12 个互不相识的人，但也在其中设置了一个伏笔，即要求客人们一起做饭，在这个过程中，他们不能谈论自己的职业，甚至不能说出自己的姓名。只有在坐下用餐后，与会者才会发现，来宾们都是行业领袖，从诺贝尔奖获得者、名人、奥运奖牌获得者到屡获殊荣的音乐家、艺术家，甚至偶尔还会有皇室会员。后来，这种体验以"影响者晚宴"而闻名，因为每位参与者都是有能力影响其所在行业的人。参与者们一旦在晚宴、文化活动和聚会中建立起互信关系，影响者社群就拥有了一项积极影响彼此、所在社群并希冀对世界产生积极影响的共同使命。自该项目成立以来，我已经在几百场晚宴中招待了数千人，还设立了一家咨询公司，借此可以与世界上许多最大规模的机构合作，帮助他们以深刻而有意义的方式与其员工和最重要的客户建立联系。我们为科技品牌创建了私人社群，为消费品公司创建了更健康的公司文化。我们通过专注于与客户建立有意义的、持久的关系，重新构想了初创公司的销售流程，并支持非营利组织组建出热衷于这项事业的捐助者群体。在我参与的每次晚宴、每场活动和每个项目中，无一不重申着我 28 岁时在一次研讨会上学到的一个具有普遍意义的成功理念：

决定我们生活质量的基本要素是我们周围的人，以及我们与他们的对话。

在听到这句话之前，我一直试图通过运用我能买得起的每一本关于个人发展、商业活动的书籍或课程中的策略来改善我的生活，希望它们能解决我认为有问题的事情。我的生活是有所改善，但也让我筋疲力尽，二十多岁的我一直在为自己不富有、身材不完美、缺乏理想的人际关系而自责。我想拥有获得非凡成功并与我眼中那些重要的人交往的能力，而不是总缺乏安全感，总品尝失败。毕竟，那些对我的成功很重要的人可能与我没有关系。简而言之，我想要影响力。我不是在谈论社交媒体的影响力——事实上那时它还不存在，坦率地说，我并不吃鳄梨吐司，而且我穿着比基尼看起来很糟糕，所以我认为我不适合做那些。我说的是影响我的职业和收入的能力。我还希望得到商业领袖的尊重，有能力影响我所关心的社会事业，并且还能拥有健康的生活方式。

如果上面提到的这位研讨会负责人说的这套成功理念是对的，那么就会有一种更为简单的方法影响我的生活方向：我要让自己身边总有我所钦佩的人。与其设置早上六点的闹钟去健身房，不如只和运动员和健身爱好者交朋友，然后使锻炼成为我生活方式的一部分。如果我有商业领域的专家朋友，与其自己执着于做预算、执行预算，倒不如向他们了解如何获得更多收入并通过人脉找到更好的工作。不管怎么说，与我所尊重和钦佩的人交朋友听起来要比因摁下四次闹铃而错过了锻炼或收到信用卡滞纳金的糟糕感觉有吸引力多了。

珍最终就采用了这种理念。随着时间的推移，她身边聚集起目标相同的人，但是，是另一个经历才让她真正意识到她是多么需要同路人。就在被误认为怀孕后不久，她听说曼哈顿有一家免费的肥胖症诊所，该诊所隶属于纽约市卫生部。在坐了两趟公共汽车和一趟火车后，她安静地坐在了一个济济一堂都是想要减肥的女人们的房间里，听一位苗条而严厉的营养师讲课，珍称呼她琼斯女士。对珍来说，这个女人毫无同情心——她永远无法理解与体重做斗争意味着什么。琼斯女士永远无法理解那种羞愧和悲伤以及不断与放纵做斗争的感觉。当珍体重达到 194 斤时，琼斯女士给她定下了 129 斤的目标体重。珍感到震惊——这远远低于她成年后的体重。琼斯女士规定珍只能吃指定的食物，别的什么都不能吃。[4]

照此执行十周后，珍瘦了 18 斤。她欣喜若狂，但减肥过程是僵化教条式的，参与者之间的对话不被鼓励，她感到孤独，渴望自己能有个人交往。如果想继续减肥并坚持下去，她需要一个更好的支持系统，一个可以敞开心扉讨论她的煎熬的系统。所以，珍做了一件前所未有的事情。她邀请同样正在为体重而苦苦挣扎的朋友们来她家打麻将。六个女人打着游戏的幌子出现，但珍真正的邀请意图是：在一个安全的空间，大家敞开心扉谈论各自的减肥历程。当夜幕降临时，她们分享了各自具有强迫性的、不健康的饮食习惯以及由此带来的羞愧感。在谈论这些时，她们开始感到一种解脱。这是所有人第一次公开谈论自己的体重，而这一切都是因为珍的一个简单的邀请。其中一位客人建议她们下周见面，于是，珍把聚会变成了每周一次。就这样，一次又一次，她们参与聚会，珍的朋友们邀请自己的朋友，朋友的朋友又邀请其他朋友，不到两个月时间，她的团队已经有了 40 名女性。现在，她们每周聚会两次。

珍对自己（在减肥方面）缺乏专业资格这事很坦率。她不是医学专业人士，只是一位来自纽约皇后区的家庭主妇，但医生的建议对这些女性没起到作用。"珍"们需要的是强大的社群意识，只有当人们终于可以坦诚面对自己的挣扎时，这种社群意识才会产生。珍一直在阅读的杂志也建议说，通过一些简单的解决方案，生活可以是一个完美的梦想，但对于我们这些生活在现实中的人来说，生活要复杂得多。我们都在与某些事情做斗争，比如工作带来的焦虑、抑郁症导致的孤独、对疾病的担忧、像我一样感受到的失败，抑或其他一些只有你才遇到的事情。此时，是需要服用 Xanax（抗惊恐焦虑的药物）、暴饮暴食或隐藏问题，还是找到解决方案，这两者之间的区别在于我们拥有的关系。这就是珍的团队的魅力所在。珍为人们提供了一个相互联系、感到安全、快速建立信任并反过来相互支持的空间。这就是社群效应的力量：

> 当我们在关系中具有共同的社群意识时，结果就会被放大。

珍似乎就在证明我参与的那个研讨会的负责人是对的。这些抱有同样问题的女性，不但曾假装自己一切都很好，而且可能还花了时间围绕食物进行过社交，但珍设计了一种体验，改变了谈话内容，将谈话转向了健康。每周两次的聚会使这些女性围绕自己的体重问题形成了一种共同的社群意识。聚会变成了一个不带评判的心理支持系统，避免了不健康习惯的养成。参加的每个人都从新的友谊、习惯、想法和日常惯例中受益。

在其中一次聚会上，珍遇到了阿尔伯特和菲利斯·利珀特，这对夫妇身体丰满，他们称自己像"沙滩排球"。通过参加每周聚会，四个月后，阿尔伯特减了 36 斤，而菲利斯减了将近 45 斤。他们认为，珍的成功经验可以做特许经营，由珍作为公司的公众形象出现。慧俪纤体国际公司成立后，1963 年 5 月 15 日，他们举行了第一次正式聚会，一个可容纳 50 人的空间聚集了 400 多人。短短六年后，阿尔伯特梦想的特许加盟店不断增加，所有参与者的体重加起来共减少了 770 万公斤。1973 年，珍和利珀特夫妇在纽约市的麦迪逊广场花园庆祝了公司成立十周年，现场坐满了慧俪纤体的爱好者们。他们已拥有太多值得骄傲之处：公司的特许加盟店已发展到110个，年收入达到1500万美元。到1978年，也就是公司成立仅15年后，该公司以7100万美元（相当于今天约2.8亿美元）的价格卖给了著名的番茄酱公司——H.J.Heinz。[5]

显然，建立在人际关系基础上的成功途径是有道理的。我们都能想到人际关系改变个人、社会和商业挑战的故事，但在我改变生活的所有尝试失败之后，我想要的不仅仅是鼓舞人心的故事。我想要证明发展人际关系确实有效的证据，而对我来说，证据就来自对珍来说并不奇怪的一项科学研究结果。

到21世纪，美国的肥胖流行病达到了新高峰，两位研究人员尼古拉斯·克里斯塔基斯和詹姆斯·福勒提出了一个问题：肥胖是一种像感冒一样在人与人之间传播的流行病，还是一种由基因、习惯等其他因素导致的纯个人经历？对此问题的答案改变了我们对人际关系的基本认知。

通过查看很多社群32年来的数据，他们发现：如果你有一个肥胖的朋友，你的肥胖概率会增加45%，而不认识这个人的你的朋友们的肥胖概率会增加20%，你朋友的朋友们的肥胖概率会增加5%。[6]我们每个人对他人都有三阶度的影响力，这种影响也适用于幸福、结婚和离婚率、吸烟以及投票习惯等。正如人们喜欢说的，我们的生活不仅是我们五个最亲密的朋友的副产品，也是我们身处的社群的副产品。

依照他们的研究，你可能会认为，将有肥胖问题的女性聚集在一起更有可能使她们增加体重，但珍却为她的社群创造了一种独特的方式来改变她们的对话。她们并没有传播不健康的习惯，而是专注于支持。就像珍的邀请经由一人传给另一人一样，新的习惯、想法以及归属感和接纳感也是如此。这就是基于社群的组织运作如此有效的原因之一。

因此，如果习惯、行为和情绪如此具有传染性，那么，我们能做的最重要的事情之一就是：让身边有与我们价值观相同或个人特质相似的人。通过近距离接触，我们可以获得这种特质。但我们不应该就此止步。通过把这些人介绍给其他人，每个人才有可能对团队产生积极影响，而随着他们生活的改善，我们的生活也会发生更大的变化。

这个理念正是加里森废奴运动战略的核心。仅仅通过他的报纸引起人们的注意是不够的——他还需要邀请人们聚集在一起，将他们团结在一项事业上，通过招募赋能给更多的人，进而推动政治家改变相关法律。

为了达到这个目的，加里森和废奴主义者们成立了一个演讲机构，派代表到北方的各个城镇去。[7] 演讲者有时会冒着生命危险面对那些支持奴隶制的暴徒，这时，他们会提出自己的观点并介绍奴隶制是如何从根本上与当时的基督教理念相对立的。于是，邀请被传播开来，人们聚集在一起，公开谈论奴隶制的不公正。然后，参与者又被邀请开设当地分会来做进一步的传播。北方城市开始举办从地方会议到年度大会的各种活动。结果，他们获得的支持呈指数增长。据估计，仅从 1835 年到 1838 年的三年中，美国的废奴主义和反奴隶制团体就从原来的 225 个增加到 1000 多个，并拥有 25 万名会员。[8]

当加里森在一次 AASS 大会上目睹了道格拉斯令人难以置信地打动听众的能力时，他意识到：这场运动有了一个千载难逢的机会。道格拉斯代表了那些支持奴隶制的倡导者们最害怕的东西——一个逃脱的、有文化的奴隶典型，他的演讲如此富有感情，任何一个内心善良的人都无法忽视奴隶制犯下的罪恶。于是，道格拉斯受邀担任 AASS 的演讲者，在北方进行了一次又一次的巡讲，赢得了广泛的人心。无论是在演讲中还是在自传中，道格拉斯都冒着极大的风险透露他是一个逃亡的奴隶。他生动详细地描述了自己饱受虐待和折磨的被奴役生活。这本书成了畅销书，至今仍被广泛阅读。在那之前，几乎所有北方人对奴隶制的了解都来自南方奴隶主，在这些人口中，奴隶制被描述为仁慈的、如父爱一般的。然而，任何读过道格拉斯的自传或听过他演讲的人都不可能认为奴隶制是仁慈的。

随着更多废奴主义和反奴隶制团体的建立及其影响力的扩大，公众情绪也发生了变化。历史学家玛尼沙·辛哈指出，正是这种废奴主义的社群结构才将这项事业传遍了美国。废奴主义者的行动为 19 世纪 50 年代反奴隶制的共和党的崛起铺平了道路，也才有后面林肯被选举为总统。

内战期间，他们向林肯总统施压，要求废除奴隶制，最终，林肯发布了《解放黑人奴隶宣言》，从而结束了奴隶制。

*

无论我们想要实现什么目标，从影响我们的习惯到支持一项社会事业，甚至是打造一个成功的职业生涯或公司，我们都不可能独自完成。以独特的方式将人们聚集在一起会产生传播效应。归根到底，你周围的人才是关键。你周围的人决定了你的成功（无论这对你个人意味着什么），并有可能改变你的生活和我们社会的方向。

这就是这本书的内容。

放之四海而皆准的成功策略是：与那些能够影响你个人、你的生活、你关心的事物的人创建有意义的联系。

对于如何过上美好的生活，如何实现我们渴望的职业、公司、事业或习惯目标，已经有很多理论。但是，要想适用我们所有人，它就不应该与获得大学学位、拥有巨额财富或来自"对的家庭"有关。相反，它需要建立在我们所有人的共同点——我们作为人的核心——以及我们的行为和互动方式之上。没有什么比人们相互联系的需要更具通识性了；正是它让我们作为一个物种得以生存下来。我们不是老虎或海龟那样的孤独者。我们每个人都需要社交互动。

这也是珍的非凡之处。她不仅仅给女性制订饮食计划；她还为她们提供了一种聚集和联系的方式，永远改变了她们与健康相关的生活方式。同样，废奴主义者将人们聚集在一起，分享想法，转变观点，并授权他们创办自己的团体和报纸。在此过程中，他们重塑了美国的未来。他们的理念非常出色。

请注意，尽管珍和废奴主义者作为重要人物被历史记住，但当他们开启旅程时，没有一丝证据表明他们中的任何一个人会成功。珍不认识名人或名医。用她自己的话说，她是 FFH（曾经的肥胖家庭主妇），在 20 世纪 60 年代，做一个家庭主妇意味着她得让丈夫为她租的第一间办公室签订租约。而加里森和像道格拉斯、哈里特·塔布曼、索杰纳·特鲁斯以及亨利·博克斯·布朗这样的逃亡奴隶，他们既不富有，也非有影响力的商人或民选官员。他们没有真正的权力，但这没关系。相反，他们通过邀请人们聚在一起，为他们创造一个了解和听到真相的安全空间来实现目标。

珍和废奴主义者在起步阶段也都不认识杰出的领导人、政治家或名人。相反，他们的影响力是通过多年来一场又一场的聚会获得的。但是，随着声誉越来越高，他们与那些可能产生更大影响的人建立联系的能力也随之提高。事实上，在内战期间，道格拉斯突然出现在了白宫，与林肯总统进行了几分钟的会面；[9]珍则在麦迪逊广场花园举办的十周年庆典上与众多名人和其他有影响力的人同台演出。

你可能会认为这些故事仅限于具有传奇色彩的人物，但事实上，无论你是像珍这样的狂野外向者，还是宁愿与一本好书（比如本书）在一起而不愿站上舞台的安静内向者，都无关紧要。虽然外向的人可能更容易与许多人建立联系，但内向的人通常更善于建立更深入、更有意义的关系。在本书中，我们将重点介绍适合你个性和你所关心的内容的方法。

废奴主义者和珍教给我们：我们的生活是由我们周围的人决定的，不仅因为他们的行为和习惯具有传播性，而且还因为，有了深层次的信任和社群意识，我们就可以实现对我们来说重要的事情。这就是影响力方程式：我们的影响力是与我们有所联系的人、他们对我们的信任程度以及我们共享的社群意识共同作用的结果。

$$影响力 = （联系 \times 信任）^{社群意识}$$

意识到这一点后，我致力于回答三个问题：

1. 是什么让人们建立起联系？我们如何引起别人的注意，从而让他们愿意与我们互动呢？

2. 是什么让我们快速建立起信任？一个人越重要，他能留给我们的时间就越少；我们如何与他们快速建立起深入而有意义的关系呢？

3. 是什么赋予人们社群意识？是什么让你觉得和一些素昧平生的人有亲近感？我们如何培养这种亲近感以实现共同目标？

要回答这些问题，首先需要了解的是：相互联系不等于社交。当我们想到社交时，我们会想象一个有魅力的人，他巧妙而轻松地与人们聊天并将他们添加到自己的领英朋友圈中。如果你本人就是那种性格，社交对你来说可能是一个很好的策略。不幸的是，对于其他人来说，尤其是性格内向的人，走向陌生人、选择一个话题、找到一个融入的机会并确保这不会变得尴尬是有点可怕的。而之所以可怕也是有原因的：在人类早期，我们很少（如果有的话）接触陌生人。大家都出生在一个小社群，从小就认识其中的每个人，或者至少了解他们。

社交方面的问题与大多数让人成功的策略遇到的问题相同：除非我们真正训练自己掌握一项技能，否则几乎不可能让它成为一种习惯，至于享受它，那就更难了。社交可能对百分之一的人有用，但是，我们要寻找的是一些对谁都能奏效的方法，无论你是否富有、是否性格内向或害羞、住在哪个国家、属于哪个种族或性别，而且，它们还必须令人愉快，否则你永远也不想那么做。这就将我们带到一个最有效、最人性化和最令人愉快的成功途径上：成为强大社群的一部分。

如果你能与各个行业的励志精英和有名望的领导者建立联系，并能始终将这些人彼此联系起来，那么，这些关系将会在短时间内形成一个社群。就像肥胖研究项目所证明的那样，一个由你欣赏的人组成的社群将使所有参与者受益。你不仅会在你最关心的领域培养出技能和积极的习惯，而且社群其他会员也会在对他们重要的领域中受益。每个人都将受益匪浅。对于珍来说，她不仅自己减轻了体重，小组中的其他女性也做到了。对你来说，这个益处可能是职业发展、养育子女、学术研究，或者像废奴主义者一样，是一份道德和伦理事业。

## 社交：对某些人有意义，但大多数人不喜欢

如果你和大多数人一样，在听到"社交活动"这个词时你会为下面所列的结果感到兴奋：有可能建立令人难以置信的联系、这些联系可以提升你的职业生涯、帮助你找到下一份工作、与新客户建立联系以达到销售目标。其实，这只是我开的一个玩笑……当听到这两个词时，我们大多数人会充满了恐惧。尽管有无数的书籍、研讨会和活动想方设法帮助我们提高社交能力，但现实情况是，社交仍会令人难以置信地不舒服、不那么有效，而且，对我们大多数人来说，还有点可怕。

### 为什么?

大卫·伯克斯博士，组织管理心理学家，《朋友的朋友：了解能够改变你的生活和职业的潜在人际网》一书的作者，在过去的15年中一直在研究人际关系的社会结构。他是这样解释的：

如果你参加一个有100人参加的社交活动，其中只

有少数人可能会成为你理想的商业伙伴。当这个概率是百分之4时，你必须平均与25个人交谈才能遇到一个潜在的商业伙伴，这还是在假设你们两人找到了一个好的对话方式的前提下。人们通常将这种方式称为"数字游戏"。但是，将人与数字联系起来就把人变成了商品。你必须尽可能快地在人群中穿梭，这样才能遇到可以与之合作的生意伙伴。这是一种令人不舒服的看待人类的方式，而且也缺乏促进信任和建立联系的特征。所以，你会看到这些自恋的社交达人，去参加一个活动，在未知晓你的名字之前就把他们的名片递给你，当他们意识到你没有即时商业价值时就掉头离开，因为对他们来说，这只是一个数字游戏，而他们要的是达到目标。

这就像饥饿游戏一样，但不知何故却吸引力更低，成功概率也更低。

所以伯克斯博士得出这样的结论也就不足为奇了：对我们大多数人来说，社交是很糟糕的。

### 有多糟糕？

弗朗西斯卡·吉诺和蒂齐亚娜·卡夏罗进行了一项研究，将人们出于商业目的进行的人际往来与建立社会联系或建立友谊进行了比较。他们发现，当人们想到职业交往时，他们会在潜意识层面感到肮脏，并且更有可能感到需要清洁自己。当他们想建立友谊时，这种联想并不存在。由此他们推论，"这种肮脏感会降低 [ 社交 ] 的频率，从而拉垮工作表现"。[10]

伯克斯博士认为，职业社交让人感觉肮脏是因为它缺乏社群意识。你通过现有的朋友和活动结识了你的大部分私人朋友，而且，你们之所以成为朋友，很可能是因为建立起了联系，而不是交易。[11] 这就是为什么研究人员发现，那些读 MBA 的学生在社交活动时会将大部分时间用在与他们已经认识的人交谈上，即使他们觉得有义务与不熟悉的人接触。

### 结　论

如果真的去优化你的社交人际网，你可能会得到一些惊人的结果，但不可能像成为一个关系紧密的社群一员那样感觉满足和有趣。

作为社群的核心人物，你不需要得到行业褒奖或地位。你带来的价值将是更独特的：一份邀请。毕竟，你用有意义的方式邀请社群会员见面和相互联系，这将使你比任何一位获奖者或思想领袖更有影响力。你将成为社群的中心人物，在这个社群里，每个人都有机会成功。如果做得好，你会得到信任，有机会推动你的事业发展、推广你的想法、营销你的产品、发展你的公司或做其他对你重要的任何事情。我们的潜力总是随着社群的成功和强大而增长。

我希望自己有资格说，从一开始我的目标就跟改变一个国家的进程或改变数百万人的健康一样崇高。但我思考的仅仅是要把我所钦佩的人聚在一起。对于一个身无分文的 28 岁的年轻人来说，这已是令人难以置信的雄心壮志——毕竟，我邀请的人也受到其他国际品牌的追捧，这些品牌可以动用大量财富去宠爱他们。而我无力与之竞争，所以，我就不去竞争。相反，我意识到，我必须找到一种能带给他们独特体验的方法，一些他们从未想过自己会做的事情。由于这些客人中的大多数人都买得起奢侈品，所以我给了他们相反的东西。我给他们机会来我家，为我做晚饭、洗碗、拖地。最有趣的是，他们都为此感谢我。

这种方法之所以能成功，没有排除让客人们亲力亲为，也并不排除它的简单朴素，而恰恰因为我们采用了这样的方法。当一种体验设计得很好时，不仅每个人都最终受益，而且还不需要付出特别昂贵的代价。参加我的第一次晚宴的客人们都是我认识的人，当时我还不认识任何诺贝尔奖获得者或名人。我的父母是外来移民，所以我们也并不认识这样的人。但随着口口相传，客人们对这次体验越来越深刻。随着时间的推移，我不断改进寻找、邀请客人以及组织体验的过程，努力让每个人都感到被包容。自它推出以来的十年里，我已经在数百场晚宴上招待了几千位来宾。本书出版时，这些参与过的影响者活跃在十个城市、三个国家，并且人数还在不断增长。在新冠疫情暴发之前，我们每个月都会举办四到五场晚宴以吸引新会员，另外还举办五场以上的文化活动使社群保持紧密联系。由于新冠大流行的出现，我们开始举办网络活动。

至此，我得到了当年 28 岁的我想要的所有东西。我和海豹突击队一起锻炼身体，还清了我所有的债务，做了 TED 演讲，走遍了七大洲，被 *Elle* 杂志评为美国最杰出的单身汉之一，成为热门电视节目的科学顾问，推出了一家成功的咨询公司来帮助客户公司以有意义的方式与其客户和员工建立联系，拓展了国际演讲事业。在撰写本书时，我的第一本书正在由一位成功的节目主持人改编成电视节目，而这样的例子不胜枚举。但这并不是重要的部分。在举办了多年的晚宴之后，我们发起了一个名为"让影响力永远在线"（Influence for Good）的非营利组织，它主要揭示重要的社会问题，并利用社群的支持来施加影响。我们还开启了专门针对女性、有色人种和性少数群体的聚会。我们意识到，随着影响力的增加，我们需要借助它实现更大的目标。

就像珍一样，我从未想过一个恰如其分的邀请会给我们的生活带来如此深刻的变化。这也证明，从根本上决定我们生活质量的是我们所联系的人、他们对我们的信任程度，以及我们共享的社群意识。

事实上，无论你是想帮助孩子求学的家长、想要出名的性格内向的刚入职的助手，还是希望吸引客户和提高品牌地位的全球公司的首席执行官、专注于资助和提高对问题的认识的非营利组织，或是发起草根运动的民权活动家，这本书的方法都奏效。为什么？因为它阐述的是：作为人意味着什么，是什么在影响着我们的决定和我们的行为；最重要的是，是什么创造了深刻而有意义的联系并赋予我们一种社群意识。它与技术、人工智能、机器学习或其他任何你需要有博士学位才能理解的东西无关。以上所提的这些确实也很棒，但它们无法取代特殊的社群力量和人与人之间的信任。那么，让我们看看要创建这些联系都需要哪些要素吧。

在本书的第一部分，我们将探讨影响力方程式。我将对如何与人建立联系、如何快速建立信任以及如何创造社群意识进行科学论证，这样我们就可以完成我们所关心的事情。这些要素包括：

**信任**：信任是好事吗？我们需要它吗？我们将从英国历史上最著名的医生之一那里了解到信任运作的奇怪但真实的秘密。我们将发现联谊会、美国海军陆战队和瑞典宜家家具公司的共同点，以及为什么这可能是让人们关注你的最佳方式。我们将探讨世界上最成功的餐具销售员的推销技巧，科学家称其为"光环效应"。我们将学习建立信任所需的基本但几乎不为人所知的过程，然后，我们走进实验室，看看如何使单个分子发挥其作用。最后，你会明白我们为什么需要信任、信任如何运作以及如何快速赢得信任。

**联系**：是什么导致人们相互联系？这取决于人们相互之间的影响力程度，而对这个答案你不会感到惊讶。

毕竟，像奥普拉①和理查德·布兰森爵士②这样的全球领导者的生活与那些行业领袖，比如大公司的首席执行官、媒体机构的主编等人的生活截然不同，而且也不同于具有社群影响力的宗教领袖或崭露头角的新人。我们将探索适合每个小组的最佳方法以及如何让人们参与进来。我们将与一位房地产开发商交谈，他在经济衰退期间的房产售价是他的邻居的两倍半，当邻居们纷纷破产时，他却因超强的联系能力取得了巨大的成功。我们将了解历史上最荒谬的艺术品盗窃案如何让全世界爱上一幅画，以及这种影响方式是如何让我们爱上技术和食物的。我们将快速了解一张价值五万美元的活动门票如何让你即使站在寒冷中面对周围的泥浆时还觉得幸运，然后，我们将访问柏林，了解一种味道像药的软饮料如何通过开设一个音乐学校而流行起来。最后，你将了解为什么即使你目前身无分文并且不认识任何人，你仍有可能处在与你最敬佩的人建立联系的理想状态下，以及，你该如何利用所有这些知识去接触那些对你来说最重要的人。

　　**社群意识：**如何与你联系的人们一起创建一个紧密互

---

① 奥普拉：美国的一个著名电视脱口秀主持人，她主持的节目是目前为止美国持续时间最长的日间电视节目，同时也是美国电视史上收视率最高的脱口秀。——译者注
② 理查德·布兰森爵士：英国亿万富豪和企业家，维珍集团的董事长。——译者注

动、高度互助的社群？为了理解这一点，我们将从健身、争取社会正义到建立伟大的公司文化、取得商业成功和帮助你的朋友这些方面看到团队的运作方式。我们会首先访问世界上最受尊敬的一个职业运动队，阅读在互联网上引发大量争论的晦涩的维基百科页面，还会了解一个住在父母家的不知名的极客小子如何改变漫画书和娱乐业。在此过程中，我们将发现赋予人们社群意识的四个元素，发掘它们对幸福、工作满意度、健康和财富的重要性，以及你应该如何利用它们来改善你周围所有人的生活。

在本书的第二部分，我们将把影响力方程式的各个部分（联系、信任和社群）与应用它的简单方法结合起来。我们将探索行为科学中令人着迷的发现，并学习如何应用它们来创造机会将人们聚集在一起，如何发展对你来说很重要的关系。我们还将探索：

**偏见及其运作方式**：当你了解人们做决定和感知世界的方式时，你可能会笑出声来；我们竟然如此荒谬。我们将通过与犯罪分析专家交谈来探索如何预测人类行为，并找出我们都容易出现的行为怪癖，以及顶级品牌是如何利用这些怪癖来推动我们的行为的。我们将了解为什么从迪斯尼乐园的售票处到正门要坐 23 分钟的摆渡车（这并非为了方便），苹果这样的公司如何为他们的产品定价（你很可能会对此生气），我们真正使用了多少比例的大脑，以及如果人们使用得更多会带来什么后果。

**路径：**了解人的运作机制是答案的一部分；而答案的另一部分是领会我们为人们设计的旅程。从如何让人们知晓我们的品牌、事业或产品，到何时产生忠诚或会员意识，在此过程中都需要考虑很多因素。为了做到这一点，我们采用大象和骑象人的类比，看看我们该如何引导人们踏上他们喜欢的旅程。最后，我们将开发一个工具箱，其作用是了解如何与人建立联系，设计出令人愉快和难忘的体验，将人们聚集在一起，帮助他们更好地了解你或你的品牌，最终促成彼此更深的了解。

第三部分内容围绕如何将关于人类行为和影响力方程式的新知识带入生活。我们将把对你最重要的人聚集在一起，让每个人的生活都得到提升，而你将成为一个中心人物。

**对你重要的关系：**无论你的目标是什么，在读完本书后，你应该有信心在任何感兴趣的领域发展关系，并为所有与你有联系的人建立社群意识。我们将研究如何在商业关系、公司文化、社会事业和个人关系中应用这些想法，并举例说明，这样，不管你有多害羞或多内向，你都可以找到适合自己个性和兴趣的方法。它会激发你成长和进步，当你实践时，你会不断地接近目标。我们将关注类似游戏之夜这样的超低成本体验、四周摆放鲜花的秘密早午餐活动和名人夏令营等奢华高端体验，以及那些介于两者之间的体验。奇妙的是，当资源匮乏时，社群往往会形成最好的状态，因此，无论你是谁，我们都会找到适合你的东西，以便你能着手发出邀请。

那么现在，我向你发出一个邀请（你可能已经注意到我的邀请很值得接受了）。这个邀请是为了让你发现生活会变得很美好、让你了解是什么真正影响了我们的决定及是什么让我们成功。最重要的是，让你看看你的下一个朋友可能是谁，因为，下一个朋友可能会以你无法想象的方式影响你的生活。这个邀请是为了让你发现自己在最关心的领域里你所具有的影响力。总之，一旦你了解了所有这些想法是如何协同工作的，以及它们是如何导向成功和影响的，余下的唯一问题就是：你想用它做什么？所以，选择权在你。

你，愿意接受我的邀请吗？

# 归属感的益处

　　根据国会议员罗伯特·斯蒂尔和约翰·墨菲的一份报告，以下这件事是无法避免的：[1]美国即将面临两百年来最大的健康危机之一。根据初步估计，在越南服役的应征士兵有 15%—20% 染上了海洛因毒瘾，相当于所有士兵总数的 1/5，以致每天有大约 1000 人需要离开兵营返乡。

　　对此，理查德·尼克松总统迅速采取了行动。一个月后，即 1971 年 6 月 17 日，他召开新闻发布会，宣布药物滥用是"美国的第一大公敌"。为了对抗这个敌人，他宣布成立预防药物滥用特别行动办公室（SAODAP），由杰出的美沙酮治疗专家杰罗姆·贾菲博士领导。[2]

　　人们的担心是有充分理由的。正如贾菲博士解释的那样："每天有 150 名未经治疗的海洛因成瘾者在接受战斗训练，一想到这点就让人感到不舒服。"

　　贾菲很快会见了一批将军和上校，并在两周半内启动了"黄金液体行动"，要求所有军人在登机返回美国之前都要接受尿液检测（是的，他们的确将尿液检测程序称为"黄金液体行动"，不过，这个细微的缺陷被改善部队的迫切愿望弥补了）。为了减少事故发生的可能性，任何尿检呈阳性的人都将留在越南接受治疗后才能回国。

不幸的是，凡是曾上瘾过或目睹过毒瘾后果的人都知道，永久戒除这种习惯是多么困难。普通人的吸毒复发率非常高，估计为32%—88%，具体取决于对其跟踪的时间的长短。[3] 因此，从那年9月开始，研究人员历经多年跟踪数百名退伍军人，以了解情况的严重程度以及如何解决它。

随着数据的浮现，人们做好了最坏的打算。毕竟，我们曾一直被告知说"一旦成瘾，就永远上瘾"。大家都等待着可怕的消息。但是，数据显示的结果却远远超出人们的预期。这些退伍军人的药物滥用已基本降至与普通人群相同的水平。这没道理呀！海洛因极易上瘾，十多万人怎么会停下来，突然戒毒了呢？

为了理解这一现象，以及它同我们与重要的人建立有意义联系的目标有何关系，我们需要参观一下史上最奇怪的主题公园：老鼠公园。这个游乐场由加拿大心理学家布鲁斯·亚历山大在20世纪70年代创建。你可能会认为，在迪斯尼乐园有一只巨大的老鼠，而老鼠公园大概也与此类似。但老鼠公园不是给人类准备的，是给老鼠准备的。亚历山大博士正在进行药物成瘾研究，在这里，老鼠被放在狭小的盒子里，提供给它们的饮用水有两种——普通水或注入吗啡的水。在很短的时间内，老鼠选择饮用了大量的吗啡水，以至于变得奄奄一息。该研究表明，一旦药物上瘾，人们就会不断服用它直到死亡。不过，亚历山大博士想，会不会有不同的解释呢？也许不仅仅因为吗啡的成瘾性，被关在小笼子里的极度孤独和无聊是不是也有可能导致老鼠上瘾呢？毕竟，在大多数监狱中，最严厉的惩罚是单独监禁。许多人认为这种长期的孤独是不人道的，因为它会引发广泛的心理健康问题，从抑郁症和出现幻觉发展到精神分裂症，甚至自残。老鼠和人类一样，是群居动物。如果你被困在一个小笼子里几个星期无事可做，极大的可能是：你也会选择喝吗啡水。

为了验证自己的理论，亚历山大博士创建了老鼠公园，这是一个理想的游乐场，在这里，老鼠们是群居的，可以玩它们最喜欢的玩具。他准备了普通水和吗啡水，观察老鼠的饮水情况，然后将它们与上面提到的隔离于小笼中的老鼠进行比较。结果令人震惊，正如亚历山大博士所说，"有些老鼠喜欢参加聚会"。[4] 与那些孤独的老鼠相比，老鼠公园里的老鼠几乎不喝吗啡水。

如果单纯是因为有机会接触毒品而导致药物滥用，那么老鼠公园里的老鼠应该都会上瘾，就像被隔离的老鼠一样。这表明，除了药物本身之外，肯定还存在另一种导致成瘾的因素。

作为回应，亚历山大博士提出了关于成瘾的精神紊乱（也称"位错"）理论。该理论解释说，实际上，缺乏依恋、归属感、身份认同、意义和目标让人们变得易于成瘾。当某人出现精神紊乱时，会"付出高昂的代价，因为它最终带来的痛苦会表现为焦虑、自杀、抑郁、迷失方向、绝望和发泄愤怒及暴力化等多种形式"。[5]试想一下，在你沮丧或焦虑的时候，你可能感到绝望，甚至可能想到自杀。如果每一天对我们来说都是这种精神紊乱的状态，那么我们想要尝试不惜代价来逃避这种社会痛苦就只是时间问题了。于是，在精神紊乱状态下，药物似乎成了一个不错的选择。

精神紊乱（位错）理论认为，让老鼠和人上瘾的不是单纯的药物，而是由于禁闭造成的位错感。以此可以解释为什么这么多被困在越南、与朋友和社群隔绝、感觉自己在打一场没有意义和目的的仗的士兵们会成为瘾君子。但当他们回到朋友、家人和爱人身边时，他们不再需要用海洛因来填补这种孤独感。他们再次感到了自我的完整。

因为我们是社会物种，精神紊乱尤其令人痛苦。我们会不计后果做任何事情来逃避它。毕竟，海洛因吸食者对由此带来的危险或健康风险并非无知，那些容易上瘾的人来自各个行业。人际关系的一个重要观点是：从表面看，人们的生活似乎是完美的。但因精神紊乱而成为瘾君子的人中不乏名人和成功杰出人士，这并非因为他们缺乏知识、羞耻感或同情心，而是因为（如果亚历山大博士是对的）他们正经历着令人难以置信的痛苦。事实上，社会心理学家、《社交：为什么我们的大脑生来需要联系》（*Social: Why Our Brains Are Wired to Connect*）一书的作者马特·利伯曼博士对社交性痛苦（丧失、被拒、疏离、孤独等）的重大影响做了调查，并对我们如何通过一个名为抛球视频游戏（Cyberball）的简单团体视频游戏来应对它进行了研究论证。

　　想象一下：你和另外两个人在玩一个简单的抛球视频游戏。你手上有一个球，可以把它传给你的任何一个玩伴。一旦接到球，他们可以选择把它扔回给你，也可以选择传给其他玩伴。起初大家都在互相抛着球，但后面奇怪的事情发生了。玩伴们不再把球扔给你。他们抛球五次、十次、十五次，一直完全无视你，并且看不出任何要停止的迹象。你已被其他玩伴排除在游戏之外。这时你会有什么感觉？

　　利伯曼给游戏参与者装上可进行脑部扫描的 fMRI（核磁共振成像）装置，然后让他们玩这个游戏。他发现，当某个参与者被排除在游戏之外时，大脑中记录身体痛苦的区域会变得更加活跃。事实上，人们越是诉说他们对被排除在外感觉糟糕，这个区域的活跃程度就越高。作为一种文化，我们倾向于把身体痛苦排在社交痛苦之上。如果打人，你可能会受到严重的法律惩罚，但对于那些给别人造成社交痛苦，如言语虐待或欺凌的人来说，几乎不会被惩罚。利伯曼的研究表明，社交痛苦和身体痛苦都是实实在在的痛苦。这就解释了为什么对我们中的许多人来说，我们生命中最痛苦的时刻是社交型痛苦，比如失去亲人。虽然骨折在发生的当下是痛苦的，但一旦痊愈，我们回忆骨折时感受到的疼痛往往达不到我们回忆和再次体验社交痛苦时的程度。记起曾经历过的情感创伤或丧失就会引发焦虑、悲伤和抑郁等各种反应。

在下一轮测试中，利伯曼和他的团队将实验推进一步。参与者被要求在玩游戏前服用止痛药泰诺两周，但给其中一半人暗地里服用的是安慰剂。随后，有趣的事情发生了。对于那些服用了真正的止痛药的人来说，被排斥在外的社交痛苦消失了。正如止痛药可以减轻身体疼痛一样，它也可以减轻社交疼痛的影响。与此同时，那些服用安慰剂的人与第一组没有服用任何药物的人一样，感受到了被排斥在外带来的社交痛苦。

如果我们以前对此还有任何疑问的话，那么现在结果已经尘埃落定了：不管是来源于社交的痛苦，还是来源于身体的痛苦，痛苦就是痛苦。对于在越南的士兵来说，吸毒不仅能让他们感觉良好，还能让他们终止糟糕的感觉。虽然作用只是暂时的，但它减轻了精神紊乱带来的社交痛苦，而一旦他们回到家，那些社交痛苦很可能就消失了，于是也就没有理由继续服药了。

社交孤立和孤独的风险并不局限于疼痛和毒瘾——它在更深层次上影响着我们。研究表明，孤独的人不仅注意力不集中、工作效率低、参与度低，而且死亡得更早。看来，就希望提高效率来说，花点时间与朋友和同事联系带来的注意力分散远非生产力被劫持那么严重。从健康的角度来看，孤独与每天抽一包烟无异。这种影响不仅仅是精神上的，甚至会一直影响到细胞层级。它使我们处于一种压力状态，这种状态已被证明会削弱我们的免疫系统，降低我们的睡眠质量，甚至使我们的心脏紧张，最终可能导致心脏病发作。[6]

如今，我们有一种难以置信的机会可能以颇具意义的方式与人们建立联系。我们正面临着一种叫作孤独的流行病，一种我们从未见过的疾病。公共医疗保健服务部门信诺公司做的一项研究发现，近一半的美国人有时或时常感到孤独（46%）或被冷落（47%）。事实上，一个人越年轻，越有可能表达自己是孤独的。受孤独感影响最大的群体是Z世代（刚刚进入社会的一代）和千禧一代。这些（因网络而）高度互联、上网、发短信、在社交媒体上发推文的一代人可能比以往任何时候都更加以数字化方式互联，但是，他们也更加孤独。事实表明，网络关系并不能弥补人与人之间的接触。另一项研究发现，美国22%的千禧一代表示他们没有朋友，30%的人表示他们总是或经常感到孤独。这一比率是婴儿潮一代（出生于1944—1964年）的两倍以上。对婴儿潮一代的调查结果显示，只有9%的人表示他们没有朋友，有15%的人总是或经常感到孤独。[7]

认为随着年龄的增长会变得不那么孤独的想法可能很吸引人，但孤独是一种社会趋势。在20世纪80年代中期到21世纪10年代中期的20年间，美国人从拥有近三位好友（2.94）下降到刚刚超过两位（2.08）。[8] 考虑到孤独带来的重大影响和社交痛苦，它对我们的社会健康有着深远而可怕的影响。这也是为什么采用基于人际关系的方法如此重要——人们确实需要它。建立联系、树立信任和成为社群的一部分不仅能推动你的成功或改善你的健康，或是推动社会事业发展，在此过程中，它还能改善每个人的生活。

情况可能听起来很可怕，但也有一线希望。利伯曼博士指出，如果我们会如此深刻地受到社会暗示的影响，那么这些暗示也一定非常有用，甚至可能成为我们可以拥有的超级力量。正是那些使得我们需要社交互动的特征，也使我们能够更有效地相互建立联系和交往。让我们作为一个物种生存下来的不是令人难以置信的速度、超强的体力，或是没有食物或水也能长途跋涉的能力，这些优势都属于其他物种。事实上，与动物王国中的大部分物种相比，我们是脆弱的，早就应该灭绝了，但有一件事例外：我们可以相互协作。我们可以相互配合去追捕大型动物，建造庇护所免受恶劣天气的影响。我们可以超越语言而达成联系和理解。婴儿不需要说话就能被妈妈理解；妈妈可以与婴儿同感共频。利伯曼认为，我们需要重新审视马斯洛的需求层次理论。目前位于需求最底层的是食物、水和住所等生理需求，再上一层是友谊和相互关系等心理需求，最顶层是自我实现，做最好的自己。利伯曼认为，心理需求也可能属于最底层的基本需求要素。如果婴儿的母亲无法满足其需求，那么婴儿将无法存活很长时间。让我们作为一个物种生存下来的是我们建立关系的能力。正是这些特征给了我们最大的机会去感同身受，并与那些对我们最关心的生活领域产生最大影响的人建立联系。在地中海中部，位于意大利撒丁岛附近的一个小岛上，在一个由紧密交织的建筑和住宅组成的村庄中，这一点体现得最为明显。如果在星期天偷看其中一间房子，你很有可能会看到一位祖母带着她的女儿和孙女正在准备当地的特色食物麦穗饺。它们就像是装满高脂肪乳清干酪和薄荷的意大利方形饺子，吃时可搭配美味的番茄酱。当她们在小厨房和餐厅忙碌时，三代人会彼此分享故事和八卦，并享受邻居或亲戚的不时到访。

你永远猜不到的是，这个村庄藏着一个秘密，不仅丹·布特纳称它为蓝色地带，它也是世界上少数几个寿命比人均水平长得多的地方之一（百岁老人的数量是仅 300 多公里以外意大利本土的六倍，是美国的十倍以上），而且，根据心理学家、《乡村效应：面对面交流如何使我们更健康、更快乐》（*The Village Effect: How Face-to-Face Contact Can Make Us Healthier and Happier*）一书的作者苏珊·平克博士的说法，它是世界上唯一一个男女寿命相同的地方。[9] 在世界其他地方，女性的平均寿命要比男性长 6—8 年。

平克博士在她的 TED 演讲中拿麦穗饺开了个玩笑：显然"低脂肪、无麸质的饮食不是在这个蓝色地带活到 100 岁所需要的"。[10] 那么，会是什么呢？

正是这个问题给朱丽安·霍尔特 – 伦斯塔德博士带来了挑战，引导她在杨百翰大学对数万人的饮食习惯、吸烟习惯、婚姻状况和运动习惯等方面进行了研究，以试图了解是什么造就了长寿。经过七年的追踪调查，他们得出了一个出乎所有人意料的答案。

尽管清洁的空气对预期寿命有着一定的积极影响，但它并不像接种流感疫苗和锻炼那么重要，也不如戒烟和戒酒重要。最让研究人员感到惊讶的是——对此你现在应该也很清楚了，迄今为止最重要的预测因素是人际关系。与亲人的关系的影响仅排在第二位。当我们遇到麻烦时可以依靠亲人，亲人可以与我们一起解决问题，在困难时借钱给我们，或者在我们不得不加班时可以帮我们接送孩子。这些情感联系对我们必不可少是完全解释得通的。然而，经研究预测出的影响长寿的最重要因素却完全出乎所有人意料，研究人员称之为"社会融合"。[11]它指的是，你每天会与多少人交谈或联系。你交谈或联系的那个人可以是干洗店店员、工作岗位上的同事或一起上瑜伽课的人。这些人不一定是你亲密的朋友，而是与你有交往的人。霍尔特－伦斯塔德博士的研究表明，如果你想快乐长寿地生活，你能做的最重要的事情就是让自己与人相处，建立深厚、有意义的人际关系和不受约束的交往。对我们来说，最好的办法可能是取消方便网购的亚马逊金牌会员，去附近的商店，和收银员见面，在那里购买我们需要的东西。我们节省在两天即到货上的时间可能会缩短我们的寿命。

如果无人联系，我们的健康、工作效率和满意度会受到一系列负面影响，我们目前就正在见证前所未有的孤独和疏离。

现在让我们为大家带来好消息：我们描述的所有问题，

从长寿和专注到工作效率和精神紊乱，都可以通过建立密切的人际关系和松散的联系得到解决或减轻。

与人联系是我们都能做到的，无论我们多么害羞。即使有时可能会感到不舒服，但我们都有这种能力，否则我们就无法作为一个物种生存下来。这意味着，我们每个人都有不可思议的潜在的与人联系的能力。解决这个问题不需要很多钱或特殊技能；我们可以在几乎不需要什么花费的情况下改善我们和其他人的生活质量。

也正是这一点将我们带到了你身边。在第一章中，你看到的是：如果你将人们聚集在一起，自己处于社群的中心，就可以对你关心的事情产生深远的影响。但是，创建社群不仅仅是为了你自己。现在，人们比以往任何时候都更需要联系。这听起来可能有些陈词滥调，但科学研究支持这一点。你想联系的人很可能也正需要联系，这点甚至可能连他们自己都没有意识到。成功、出名、富有或变得重要并不能让你不受其他人影响或不需要建立有意义的关系。在现代社会，我们从便利中获得的东西实际上可能会孤立我们。即便我们出生在地中海的一个小岛上，我们也能感受到深层的联系。因此，接下来我们将探索哪些东西能使我们与那些对我们最重要的人联系起来，并且还能在此过程中为每个参与其中的人创造更美好的生活。

信　任

# 第三章

# 信任的组成

1970 年，从医学院毕业后，哈罗德·弗雷德里克·希普曼博士就在医院和私人诊所做医生。1993 年，他在距离英国曼彻斯特不远的海德镇开设了自己的私人诊所，收治患者达到 3000 多人，其中许多是老年人。人们都称呼他弗雷德。他不是一位传奇式的外科医生，也不以在学术期刊上发表出色的论文而闻名，但他在社区中深受喜爱和信任，许多人称为"好"医生。他有一双温柔的眼睛，举止温和，还有一位可爱的妻子和四个孩子。随着年龄的增长，他的胡须变白，看起来越来越像圣诞老人了。

1998 年夏天，安吉拉·伍德拉夫正在为她的母亲凯瑟琳的去世而悲伤。在母亲去世几天后的一个早上，安吉拉收到了一封意想不到的来信，信中说母亲在去世前几天更新了遗嘱，把遗产继承人改为曾是她医生的希普曼博士。安吉拉感到很困惑。难道母亲在年老的时候与希普曼一家关系非常亲密，以至于让他们取代了自己女儿的继承权？又或者，难道她因为某些原因欠了这位医生的钱吗？

这已经不是第一例发生在希普曼博士身上的怪事了。几个月前，当地验尸官注意到，有相当数量的病人的死亡证明都是由这位好医生签署的。验尸官推断，对于一个有爱心的医生来说，进行家访并与他的老年患者关系密切的情况可能并不少见。或许也仅仅因为家人在亲人过世时最先给希普曼博士打了电话。但这有点奇怪。尽管看来没有什么可担心的，但出于谨慎，验尸官通知了当局，当局就此对事情展开了调查。

安吉拉自己是英格兰的一名律师，美国人称之为不出席庭审的律师。她决定调查母亲立遗嘱的证人。但当安吉拉终于找到其中一名证人时，她的发现让她很震惊。就在对凯瑟琳进行手术时，希普曼博士召集等候区的患者们在他们认为是手术同意书的表格上签字，确认并证实凯瑟琳本人同意进行医疗手术。虽然这张纸被折叠起来，只显示给他们看签名栏，但他们没有理由怀疑这不是一份标准的医疗表格。于是，他们签了字，然后回到候诊室，什么都没想，也不知道他们已经签下了凯瑟琳的遗嘱和死刑判决。几天后，希普曼博士来到凯瑟琳家，宣布她已死亡。

当安吉拉联系调查人员时，她完全没有预料到希普曼博士所做的事情到了何种地步。在安吉拉的投诉和验尸官的怀疑下，警方挖出了 15 具尸体以寻找证据。当调查完成时，情况明朗了，"好"医生弗雷德就是死亡博士，是英格兰历史上杀人最多的连环杀手。

就是这样，希普曼博士戴着充满爱心和同情心的医生的面具，在 23 年（1975—1998 年）里，谋杀了 215—265 人，甚至可能更多的人，这使他成为历史上最致命的连环杀手之一。许多受害者被注射了致命剂量的吗啡，与希普曼的母亲接受癌症止痛药物治疗的方式类似。

这令人难以置信。希普曼已婚，有孩子，有几千名病人，没有人注意到他犯下的恶行。最奇怪的是，导致他恶行暴露的原因不是谋杀，而是欺诈。这怎么可能呢？怎么会在这么多人死了将近 1/4 个世纪后才有人怀疑他？在我们寻求与人建立深厚而有意义的关系这一点上，这件事对我们意味着什么？

你可能会说，信任，就是自己愿意示弱。你越信任某人，就越主动向他们表示愿意和他们在一起。需要特别指出的是，信任的基础通常情况下来自专业性。你可能不信任你的水管工能为你报税，或最好的朋友能为你做心脏手术，但你会告诉最好的朋友你的秘密、恐惧或让你感到尴尬的事情。这是因为专业人士拥有专业知识和经验，你把是自己弱项的健康或财务事宜交代给他们是最安全的。我们都知道，在示弱的情况下与心怀恶意的人在一起可能会产生可怕的后果，代价从令你伤心欲绝、东西被偷到付出生命。因此，我们首先需要了解人们因何信任他人，然后再确定某人是否值得我们信任，最后再证明我们值得获得这些信任。

肯特·格雷森博士在凯洛格管理学院负责信任项目。他和来自科学与哲学领域的同事一起共同研究和探讨信任是如何运作的，何时它会让我们失望，以及当信任需要修复时我们该怎么做。在大多数情况下，格雷森等研究人员认为，信任由三个基本支柱组成：

**1. 能力**：成功做某事的能力。如果发现自己的神经外科医生是个五岁的孩子，你就会很担心。这不是年龄歧视，而是因为一个如此年幼的人根本没有能力完成这项外科医生需要行医多年才能完成的精细工作。另一方面，如果一位厨师获得了米其林星级称号，你应该相信他有足够的厨艺为你做午餐。

**2. 诚实 / 正直**：指的是个人或公司是诚实的，他们如实介绍自己的产品，不会误导我们。如果发现问题，他们会承认并纠正。

**3. 仁爱**：他们为你的最大利益着想。当你把车开去修理时，机修工做你需要的修理，而不是为了得到更多的报酬或达到定额做任何额外的事情。

格雷森认为，有多种因素影响信任的程度，我们将探讨这些因素，但以上列出的三个因素提供了基础。实际上，在这三者中，有的因素相对脆弱，有的更多依赖于其他因素。例如，如果你认为有能力的人把事情搞砸了，你可能只把它当作一个单一的事件或自己碰上了糟糕的一天来处理。如果你的发型师忘记把你的预约写在日历上，你不会给他们贴上"不称职"的标签，或者，如果谷歌地图软件或位智软件（Waze）把地址弄混了，你可能会继续使用这项服务。但是，如果一个人或一个品牌在某方面表现出弱点，比如缺乏诚实（他们欺骗了你）或缺乏仁爱（他们完全是自私自利的），你就会立刻失去对他们的信任。这三个支柱将决定是否有人愿意与你做生意或成为你的事业支持者、你的员工们的互动程度，以及你的影响力大小。鉴于此，我们需要了解它们是如何运作的。

如果发现某人撒谎，你会不会开始怀疑他们说的每句话？从长远看，这个裂痕可以修复，但当下你可能会质疑他们所说的一切。我们倾向于不轻易接受欺骗，但如果不诚实是出于善意，则是一个例外。设想你和一些朋友一起去酒吧，就在你们要进去的时候，你的朋友往里探了下头，对你说别去了，因为这个地方看起来很无聊。结果，当晚晚些时候你发现，你最近分手的前任正在那里约会。你会因为朋友撒谎而生气吗？很可能不会。你明白他们是想保护你，让免受不必要的痛苦。反过来，如果这个朋友的谎言是为了掩盖你的前任与你认识的某个人约会，你不会认为这种不诚实是善意的，你可能从此不再信任这个朋友了。

格雷森指出，人们对背离仁爱的评判程度高于背离诚实，对背离诚实的评判程度又大大高过了能力不足。你可能已经注意到，背离消费者信任的公司往往将这一问题归咎于能力上的暂时失误。如果银行从你的账户中提取了不属于他们的钱，他们不会想让你认为这是对诚实或仁爱的背离，因为这些错误是很难修复的。相反，他们会解释这是一个程序问题，还会说他们不仅纠正了错误，而且建立了一个团队来确保这种情况不再发生。以能力不足为借口，不管事实真假，大多数人都会选择原谅然后让事情过去。如果说我们从格雷森的研究中知晓了什么，那就是：对于我们来说，始终以仁爱为先导是多么重要。当人们知道我们把他们的最大利益放在心上，并且我们很诚实、有信誉时，我们的能力也会随着时间的推移不断提高。

现在我们来看看为什么海德镇的人们花了这么长时间才注意到死亡博士所做的事情。首先，根据一项大规模的全国性调查，在我们的文化中，医疗专业人士（护士和医生）被认为是最值得信赖的人。你期待他们是胜任工作的（经过严格的培训和测试）、诚实的（对他们做过伦理和医疗水平审查，程序正当合法），并且是仁爱的（我们将医生视为关心他人的职业）。

因此，当希普曼医生的病人去世时，人们并不认为他缺乏能力或疏忽大意；相反，这些老年病患被视为寿命已到所以没被人注意。毕竟，不是每个人都能被治愈。作为医生，患者死亡意味着失去顾客，因此任何人都没有理由认为他不诚实或缺乏仁慈。结果，死亡博士杀死了两百多人。他身败名裂不是因为缺乏能力，而是因为缺乏诚实和仁爱。为获取脆弱的 82 岁老妇的遗产而伪造文件又不被怀疑，这不是轻易能办到的。

人们常说，我们的世界需要更多的信任。显而易见，在希普曼博士那里，信任并不缺乏。在此后的几年里，英国医疗系统对该行业加强了监督，以确保不再发生类似事情。但是，考虑到错误的信任可能带来的毁灭性影响（心碎、失窃、死亡等），这就提出了一个问题：作为一个物种，我们为什么要信任他人？

想象一下，四万年前，一位怀孕的母亲生下了一个女儿。她在分娩后筋疲力尽，新生儿需要进食。幸运的是，这位母亲储存了一些食物，但分娩和照顾女儿的压力很大。几天之内食物就会吃完。即使她有足够的精神和力气爬树采集水果、蔬菜或坚果，她在抱着和保护孩子的情况下怎么做得到这些？如果孩子哭了，可能还会让正在猎食的动物发现她们。她和孩子怎么能活下来？

他们很有可能活不下来。考虑到我们这个物种比较快的新陈代谢速度、食物的可获得性和人体的生理极限，我们发现，其实人类不适合独居。母鹿生下小鹿几分钟后它们就能奔跑，但人类的孩子直到出生几年后才能独立。如果没有来自社群的支持，带着孩子的单身母亲很可能活不下来。

不幸的是，这就是生存悖论的由来。如果与人交往意味着我们可能会被伤害或利用，那么我们就应该始终保持警惕；但如果不与人交往，即意味着我们得不到生存所需的支持，我们就会陷入困境。不管怎么做，对我们都不利。因此，我们需要一个系统来决定冒这种风险何时值得，何时不值得。这就是信任存在的理由。尽管存在被伤害的风险，但这种风险远远不及物种灭绝的风险大。我们能生存下来正是因为我们相互信任。作为它的一个副产品，我们创建了功能社群，在这里，人们成群结队地狩猎和聚集，儿童们一起玩耍，大家聚集在一起保护彼此免受外部威胁。这也意味着：医学、建筑和烹饪等专业得到了发展，作为一个物种，我们可以变得更加高效。这并非一个完美的系统——有时人们会被欺骗或抢劫，部落主义会滋长，或者会出现希普曼博士这样的极端情况，但这种偶尔出现的异常情况比另一种不可避免的灭绝要好得多。

你会注意到，你是否信任某人似乎是自然而然发生的。基于被大众接受的文化标准，我对纽约市的公共交通系统有一种制度信任，所以我认为公交车司机不会想偷我的钱。在一个制度信任感较低的文化中，人们可能会不断担心被欺骗。无论处于何种情况，你都会注意到，你不会从头开始评估一个人或公司。这不仅需要很长的时间，可能需要推荐、信用审核和面询，而且，仅仅是在超市用这种方式买一个汉堡包就涉及大量的工作。为了完成如此多必须考虑的事，我们的大脑会一直处于高度警觉状态，我们可能无法集中精力处理一天中需要做的所有其他事情。因此，随着人类的进化，我们找到了一些"捷径"，这些可以让我们很快知道是否应该信任对方。

想一想蜂鸟是如何漂浮的吧，它扇动的翅膀看起来像一个违反物理定律的模糊物体。蜂鸟拍打一下只需 0.03 秒，[1]而在同样的时间内，人脑能做到一边看到一个人一边做出是否信任他的重要决定。在放映一帧电影所需的时间长度里，人们会判断我们是否值得信任。

如果影响力是联系、信任和社群意识的副产品，那么下面这个消息并不令人鼓舞。我当然希望有人信任我是因为我的业绩记录和正直的信誉。但不幸的是，许多最初触发信任的因素似乎超出了我们的控制范围，尤其是在短期内。你的颧骨有多突出、[2] 你眼睛的颜色，[3] 甚至声音的低沉度[4] 都会影响人们对你的信任程度。当知道这其中任何一项都与一个人的实际可信度有关时，你就不会感到惊讶了。

所以，我们面临的问题是，产生信任的第一印象往往基于我们预先设定好的或从我们的文化中学习到的东西；我们的快速判断和偏见几乎是在瞬间发生的。研究表明，如果你看到一个穿着像护士的人，相对于汽车销售商或说客，你可能更信任他们。

既然我们没人打算做脸颊植入手术、穿着医疗大褂到处走动、降低嗓门以获得更多信任，那我们该怎么办呢？

首先，由于我们希望发展让所有人都从中受益的关系，因此环境须充满善意。我必须重复这一点，因为在商业世界中，人们的目标往往是自私的，拓展人际关系是为了攫取尽可能多的价值。人们就像吸血鬼一样，试图得到所有能得到的一切，而不是去创造既具深度又有意义的互动。短期内，我们可能会被这些攫取者愚弄，但最终，他们的不良信誉会反噬他们。诚实也是如此，一旦被人发现欺诈是很难再翻盘的。如果拥有仁慈和诚实的信誉，你的能力就更易体现出来，你也就获得了他人的信任。但这里仍然有一个大问题：当受时间限制或被我们遇到的人的偏见支配时，我们该如何展示自己的可信度？有一种可能的方法是：理解这些偏见的运作机制并拆解它们的运作方式。然后，我们可以靠近人们并建立起一个基本的信任水平。我们与其受这些决策捷径的摆布，不如利用它向重要的人展示我们的与众不同之处。

# 第四章

# 快速建立信任的科学

晚上 9 点 45 分，史蒂文·威尔逊即将结束一天的工作。他很累，喉咙也疼，他这辈子唯一的愿望就是能上床好好睡几个小时，因为他必须在明天日出之前醒来，然后重复同样的工作。今晚他睡了个好觉。他为自己的工作感到自豪，因为他知道，每一个向他报告的人都恨他。这通常不是一个心智正常的人会引以为豪的事情，但对史蒂文来说，这才意味着成功。在几乎任何其他工作中，如果你的经理像史蒂文对待他的下级那样冷冰冰地对待你，他或她都会被解雇。当然，史蒂文也更愿意被人喜欢，但他手下的人们正命悬一线，他只能择其一——要么因效率高而被人憎恨，要么被人喜欢但让他们面临死亡的危险。

史蒂文的下级不是普通的办公室团队。他们并非销售部门或开发应用程序的部门。史蒂文负责的是 70 名新兵，或称"靴子"。他的全名是美国海军陆战队训练指导员参谋长史蒂文·约瑟夫·威尔逊。他和其他教官一起，在帕里斯岛海军陆战队新兵基地带领着一群新兵，为他们的服役生涯以及可能发生的战争做好准备。我分享教官的故事不是因为他现在是名人或亿万富翁，而是因为这些教官们都是无名英雄。他们是创造在外人看来不可能出现的结果的普通人。在几周的时间里，他们将一群素未谋面的人带入高水平的关怀和信任状态，使他们愿意为彼此付出生命。

老实说，我们中的大多数人都不会去相信一个陌生人，把我们的钱包或手机交给他。但史蒂文需要跟一群来自不同宗教、持有不同政治观点、属于不同种族和地区的陌生人建立深刻的联系，而这些人并没有任何共同点，他们只是碰巧在同一天来接受训练而已。训练只有几个星期的时间。要想知道史蒂文是如何完成这个任务的，仅仅了解我们在第三章中讨论的信任的三大支柱是不够的；我们还需要了解这些支柱是如何形成的。鉴于人际关系的坚固程度与信任度是一致的，我希望你成为快速培养深厚信任感的专家。你可能已经注意到，你认识一个人的时间越长就越容易信任他。对于公司发展和品牌扩张也是如此。晨间咨询公司（Morning Consult）是一家专门研究美国人想法的调查公司。他们每年对超过 1000 万人进行调查，因此对人们最喜欢和最信任的事物有着敏锐的把握。在对美国 100 家最值得信赖的公司进行排名时，其团队发现，当中只有两家公司是在过去 20 年中创立的；其他 98 家公司都是创建了很久的公司，有许多甚至超过了 100 年。[1] 不过，花 30 年或更长时间去日益加深关系固然很好，但史蒂文和我们都不拥有这份奢侈。我们与某人相处的时间通常只有几分钟或几小时。那么，我们还有其他选项吗？

想象一下，在孩子学校门口，你认识的一个孩子母亲向你走来。在你感谢她邀请你的孩子参加游戏聚会之前，她轻轻地把手放在你的肩膀上，请你转达她对你母亲生日的祝福。你很惊讶，马上放松了警惕。她是怎么记住你母亲的生日的？当你们商量游戏日期的时候，你在电话里曾提到过？也就是在那一刻，奇妙的事情发生了——你开始更加信任她。

通常人们认为信任源自一些夸张的行为，比如一个人救了另一个人的命、一起举办过惊喜派对或互相赠送过大礼等。但研究表明，信任更多地源自那些体现出关爱和归属感的细微行为。比如，询问对方孩子的名字，记住生日，或是恰到好处有针对性地赞美。这种被关爱以及对社群、团体甚至友谊的归属感具有难以置信的暗示性影响力，尤其会随着时间的推移而增强。诚然，如果你打电话给客户，像跟踪狂似的对他们的家庭情况了如指掌，很可能会吓坏他们。只要在正常行为范围内，体现出你始终记得、关心他们，同时有一些适当的身体接触（如拍拍肩膀、握手等），是大有帮助的。我有一个家族朋友达娜·戈德堡，我和她的孩子一起长大，每年8月19日上午10点左右，我都会接到她打来的祝我生日快乐的电话。我不知道她是怎么记得的，我很确定不是来自日历提醒。她以自己的方式关心我，让我感觉很特别。所以我们认为戈德堡一家是值得信赖的家族朋友也就不足为奇了。当你认识了某人，记下那些对他们来说重要的事情，在你们见面或聊天的时候提起，你会注意到，你的这些记忆对他们来说非常重要，会在很大程度上加强你们的关系。

尽管这些细微的归属感表达会随着时间的推移日积月累，但无论是史蒂文还是我们，都等不及以这种方式创造出我们想要的高度信任。所以，我们必须找到另一种方法。我们正在寻找的答案的一部分可以通过追随一位名叫吉诺·莱卡迪的意大利老人的职业生涯而得到。

吉诺的同事描述他时最常使用的词是"传奇"，可能是因为这个 79 岁老人的同行大多是大学生，而大学生常用这种方式描述他们尊敬的人。在过去的 56 年里，吉诺所做的工作，按照大多数人的标准，听起来简直是疯狂的。他拎着装满刀具的包去陌生人（常常是独自在家的妇女）家里，说服他们打开门，一起坐下来聊聊，然后将刀具卖给他们。在他的职业生涯中，他已售出超过 500 万美元的厨房用具，考虑到现在价值 3000 美元的一套刀具在当时仅售 169 美元，这就是一个惊人的数字了，而且，他是通过一对一的上门演示做到的。

你可以想象吉诺——一个善良、矜持的人——是众多典型的上门推销百科全书或吸尘器的人们中的一员。但吉诺的表现更加出色。他使用了一种被称为"光环效应"的行为捷径。

在 20 世纪 70 年代，挨家挨户销售这些厨房用具是一项艰苦的工作，你会不断地被拒绝，门会砰的一声在你面前关上，人们会抱怨你打扰了他们。于是，一些推销员提出了一个问题：假如我们能够确保新客户不把我们当作陌生人会怎样呢？我们能否让现有客户向他们的朋友推荐我们？这样我们就不必从零开始建立信任了；我们将在那些朋友之间建立信赖关系。

他们推出的方法非常成功，他们成立了维克多营销公司（Vector Marketing），目前是 Cutco 餐具的独家供应商。很多人都知道 Cutco，因为会有非常笨拙的大学生上门演示用一把厨房剪刀剪一枚闪闪发光的硬币或是用一把刀切断绳子和皮革。我之所以知道它是因为我曾经也是那些笨拙的大学生中的一个。我就是靠这份工作支付大学费用的。事实上，Cutco 和 Vector 每年招聘大约四万名新员工，其中许多是通过当地办事处招收的学生兼职者，他们上门给用户做的所有演示都得经过直接推荐才能做。这意味着，除了每位新的独立销售代表要在一些朋友和家人面前做初步实践外，基于从未中断而且不断增长的信任网络，每个亲眼见过并购买过 Cutco 刀具的人也都向其亲朋好友做过推荐。

令人难以置信的是这种方法运作得如此有效。在过去的 30 年中，Cutco 一直是美国销量第一的厨房餐具品牌，而人们看到它的唯一方式就是通过直接推荐。你在商店里找不到它，也从未见过它的广告，但年复一年，它的销量超过了梅西百货、威廉姆斯 – 索诺玛甚至亚马逊网站上的那些同类顶级品牌。

　　Cutco令人难以置信的成功部分原因在于它制造了一款非凡的产品，但真正将它与其他品牌区分开来的是：销售代表们利用了光环效应。光环效应的工作原理是这样的：如果我们信任的人与某人、某产品或某项服务有关，我们就更有可能信任它们。光环效应的名称由来是：圣人或天使身上散发出的神秘之光会照亮周围的一切。被这种光触到的任何东西也都会被其光环照亮，同理，被我们信任的人或品牌接触到的任何事物也都会变得更值得信任。

　　这就是各种品牌会寻求公众人物代言的原因——不仅仅因为如今他们在社交媒体上拥有自己的受众，还因为能够提升品牌声誉。耐克（Nike）的乔丹（Jordan）品牌运动鞋和服装是否更具吸引力、更适合运动员，甚至是否与迈克尔·乔丹有任何有意义的联系都值得怀疑，但不值得怀疑的是，在短短12个月内，仅乔丹（Jordan）一个品牌就为耐克（Nike）创造了31.4亿美元的收入。[2]同样，有了卡戴珊或詹纳的代言，一个品牌的所有衣服可以在几分钟内售罄。你可能会认为自己对这种行为偏差有某种免疫力，但如果你曾试过你喜欢的零食或饮料品牌的新口味，或者与某人见面、去看电影、去朋友推荐的餐馆吃饭，你就会体验到这种（名人）光环效应。实际上，仅仅因为是我们信任的人推荐的东西其实并不能保证它一定是好的。希普曼博士的病人可能也向其他人推荐过他，但结果却很糟糕。但在大多数情况下，光环效应为思考提供了一条捷径。如果我信任 A，A 信任 B，那么我很有可能会信任 B。事实上，我们没多想这些——它是自动发生的。

　　吉诺比其他任何人都做得好的原因很可能是，他了解如何让自己进入信任的光环，仅仅因为他恰好在你朋友的厨房里和她聊天。他明白，与他相关的光环越多，他就越受信任。他不只是说，"苏西说我该给你打个电话"，而是抛出了一系列其他暗示。他可能会强调，他正和苏西坐在一起喝咖啡，谈论着她的孙子孙女们，如果那天他很专心，他可能还会提到他们的名字。由于苏西也是有人推荐的，他可能会提到他们最初是通过珍妮特或她的妹妹玛吉联系上的。他触及一个又一个光环，最终，我们的大脑会认定他是值得信赖的。在两分钟的谈话中，吉诺从一个偶然出现的陌生人变成了一个可能认识她许多朋友的社群会员。吉诺的工作非常出色，他为同一个家庭和社群的几代人服务，并在此过程中建立了终生的关系。对吉诺来说，"感觉就像在为自己的家人服务一样"。

　　从一个朋友到另一个朋友，吉诺和他的同事们最终能够与名人、亿万富翁、财富 500 强公司的 C 级（CEO、CFO 等）高管、著名作家和企业家坐在一起。其美妙之处在于，依靠光环效应，他们找到了一条我们大多数人从未想过的信任捷径。当然，我们偶尔会请朋友帮着联系或介绍一下，但我们中有多少人会继续这个过程，最后被介绍给自己最敬佩的人呢？很可能，我们一直没有充分利用过光环效应，尤其是 2016 年脸书的一项研究发现，我们与世界上任何人的平均距离只有大约 3.6 级（即 3.6 个人），而在我们的文化中，这个数值可能更低。[3] 这就意味着，只需要借由几次很好的介绍，你就可以与你期待中的任何人建立联系。吉诺就向我们展示了我们是可以更快地建立信任的。不幸的是，对于海军参谋长史蒂文·威尔逊来说，光环效应不足以将他的新兵团结起来。要使光环效应发挥作用，你还需要建立一个初始信任点。对于新兵来说，一旦他们将自己视为海军陆战队会员，光环效应就会起作用。到那时，即便他们第一次遇到其他海军陆战队员，光环效应也将催生出社群意识和信任感。不过，这里仍然有一个问题：如何触发初始信任点呢？当我搜索这个答案时，我没想到会在联谊会上找到它。

要进入梦寐以求的大学姐妹会，竞争是极为激烈的。在许多情况下，进入者和退出者之间的区别仅仅在于谁更能承受压力。当我们想到姐妹会宣誓时，我们往往会联想到狂欢纵酒、体形歧视，甚至是分享秘密的场面，但其仪式各不相同，甚至还有更糟的。在某个姐妹会上，女孩们被要求面对一堵水泥墙，如果身体稍有移动，哪怕只是胳膊或腿部轻微摆动了一下，她们的脸就会撞到墙上。而在另一个姐妹会上，为了证明自己加入的决心，她们被迫手持燃烧的灼人煤块，[4] 直到获准才能放手。在其他一些姐妹会上，她们必须站在冰冷的水中背诵短语，或者被锁在地下室里几个小时，中间会有人定期下来审问她们，希望她们因崩溃而泄露秘密。在几年前的一次事故中，她们被要求在烈日下进行数小时的沙滩和水上健美操。尽管已筋疲力尽，海浪一波又一波地袭来，她们仍然被命令向后退到海里。最终，两个被拖到海水里的女孩被巨浪淹没，溺水而亡。

当我提到以上例子时，它们听起来不太像是姐妹会的欺凌事件，更像是史蒂文的海军陆战队新兵训练营、美国海军海豹突击队或俄罗斯特种部队的精英特种作战训练，但其实这些组织都不会做这样的事情，因为，在大多数情况下，他们的训练是根据预先设计的具体结果而理智地进行的。

对于许多姐妹会来说，宣誓过程进入了被大多数人认为是恶意虐待的领域。然而，奇怪的是，对于那些经历数周欺凌无法入眠的人来说，也发生了一些有趣的事情。用一位姐妹会会员的话说："虽然那次经历很糟糕，我也不想再经历了，但宣誓过程是最有趣的，尽管听起来像是被洗脑，它还是让我由衷地关心姐妹会和其中的女孩们。"

一旦人们经历了如此强烈的体验，拥有深厚的情谊就不值得大惊小怪了。显然，这都是涉及身体和心理受到折磨的极端例子，许多文化都有自己的成年礼，以区分那些被接纳为群体成员的人，或者允许社群成员获得他们的成年身份。例如，犹太儿童通常在他们的社群会员面前阅读希伯来《圣经》的一部分，这是比较温和的成年礼。相比之下，亚马逊河流域的萨特雷－莫韦部落的成年礼可能是世界上最令人痛苦的传统之一。年轻人排队等着戴上用子弹蚁编织的手套，蚂蚁的毒刺全部朝内。[5] 一旦戴上手套，蚂蚁就会不断地叮咬人手，将世界上最剧痛的毒素刺入人体。子弹蚁的叮咬带来的痛感是黄蜂的 30 倍，而这些年轻人要被叮咬数百次。他们戴着手套跳舞，希望能转移自己对疼痛的注意力。大约五分钟后他们可以摘下手套，但这种剧痛会一浪接一浪地持续大约 24 小时。[6] 或者，让我们看一下其他例子：当明打威群岛的女孩到了青春期，她们必须用石头和凿子将牙齿锉尖来美化自己；[7] 而在巴西则有马蒂斯的狩猎试验，男孩们需把毒药放入眼睛，经受殴打，[8] 然后用木针给自己注射巨型叶蛙的毒素。[9]

当你读到这篇文章时，你可能会意识到两件事：一件事是，西方人采用的方式更容易些。对我们来说，最担心的是好不容易拿到汽车驾驶照了，但是很快汽车就能做到自动驾驶了。另一件事是，在所有情况下，以上事例中的参与者都付出了巨大的努力。你可能会认为这种努力会降低其体验，但你错了。正是因为付出了努力，姐妹会会员才变得看重她们的姐妹们。处于脆弱状态下的共同体验导致他们开始互相关心和信任。这就是史蒂文问题解决方案中我们没提到的部分。这一影响姐妹会宣誓、萨特雷-马韦部落的男人和明打威群岛的女人的相同机制足以增强史蒂文的新兵间的信任关系，让他们把自己的生命交给对方。如果你理解了这种方式，你就可以在几分钟或几小时内建立起通常需要数周或数年的信任。为了解释这是如何运作的，我们来看看一家瑞典家具公司吧，在这个方面它或许是家具界的世界级行家。

如果你搬过家，你很可能已经体验过自己的成年礼。你可能会借一辆你能找到的最大的车，然后开去一家大型商店，希望能买到你安家需要的一切。当你进了店铺，你感觉商店就像一个蜿蜒的迷宫一样，让你无处可逃。幸运的是，即使你不会念产品的名称——如 Poäng（波昂）、Dombås（顿巴斯）和 Äpplarö（阿普莱诺）——你仍然可以采购。数小时后，你把装着桌子、床、椅子等的大箱子汇集起来，在与你的同伴至少争论了一两次之后，你排队，付钱，把所有东西运回家，然后开始艰巨的组装任务。如果这听起来很耳熟，那么说明你已经有幸体验过宜家购物了。我们都没有意识到的是，正因为我们投入了如此多的精力，我们才特别珍视宜家家具。请注意，你可能不喜欢这个说法，但和将家具全部组装好送货上门相比，你一定会赋予它更多的价值。这就是科学家们所说的宜家效应，一种有据可查的人类偏见，即我们在乎为之付出过努力的东西。例如，即使你在孩子 18 岁生日时得知你的孩子在出生时被调换了，你也不会停止爱他，因为你养育了他。正是因为你经历过的那些不眠之夜、为他做饭、陪他做几个小时的家庭作业、感冒时照顾他，以及所有那些你可能永远记不起你曾做过的事情，你才爱他。这就是宜家效应的全部体现，我们均受其支配。

在人与人之间，有时这被称为"本·富兰克林效应"。富兰克林在自传中分享了他父亲给他的建议。大意是：一个曾帮助过你的人比一个从未帮过你忙的人更有可能再次帮助你。当本需要把一个有争议的政治对手争取过来时，这个建议变得特别有用。富兰克林没有对这位男士表示友好，而是从他的图书馆借了一本珍本书。要知道，在两百年前，你是不可能下载一个音频版本的，所以，这个人不得不不厌其烦地把书带给富兰克林，从那以后，他们一直是朋友，直到这个人去世。

宜家效应是针对我们如何快速与那些最大程度上影响我们生活的人建立信任所提供的一个答案，也是史蒂文就海军陆战队新兵训练营问题所采取的解决方案。在没有共同点的人之间建立信任的最快方法是让他们合作，达成一个共同的目标或共同解决一个问题，这就是联合式宜家效应。史蒂文不会派他们去购买和组装家具，他需要另一个把他们聚集到一起的集结点。很不幸，对于史蒂文本人来说，他就是那个所有士兵要共同面对的问题。所以，他做了任何一个好的教练都会做的事情，即确保他们对自己的恨超过了他们所知道的任何事情。士兵们有一个共同的问题：他们恨史蒂文，不想惹麻烦。这是一个大问题，任何人都无法独自解决。相反，这成了一个聚集点。每当史蒂文对他们大喊大叫、训练他们或者给他们一个不可能完成的任务时，士兵们明白，要想在新兵训练营生存下来，唯一的办法就是合作。

处于如此的成败关头，大大激发了他们解决问题的积极性。夜以继日，他们努力互相支持，确保团队胜利。同时，他们也变得更加关心彼此，团结一致，让史蒂文无可挑剔。在新兵训练营的整个过程中，把团队联系在一起的兄弟情谊和纽带会对海军陆战队产生光环效应。这种效应将他们团结起来，创造信任，这种效应还有可能将信任传播给整个组织。

拥有一名教官可能对军队很有帮助，但若是想要与潜在的客户、资助你事业的捐赠者、新朋友或公司的雇员建立联系，这并不是一个现实的方法。不过，理解了为什么它是有帮助的，我们就可以利用它来影响我们的关系，并与任何我们想要联系的人建立必要的信任。

这个过程始于找到一个需要人们合作才能完成的足够大的挑战。如果一个人很容易完成这件事，那么就没有必要与他人建立密切关系了。你选择的挑战可以很简单，比如把结婚请柬放进信封邮寄出去，或者在无家可归者庇护所给人们提供食物；挑战也可以很复杂，比如为人类栖息地建造房屋，或者尝试创办一家公司。当大家一起工作时，不可避免地会有人们需要支持的时刻。这种支持可能是体力上的（比如，东西太重，一个人无法搬动）、情绪上的（比如，濒临崩溃，需要减压或发泄）或智力上的（比如，需要一个新的视角或有人帮助他们解决问题）。在这些时刻，人与人之间一些奇妙的事情发生了，研究人员杰弗里·波尔泽称之为"脆弱循环"。

虽然人们倾向于认为信任先于脆弱出现，但波尔泽和他的团队从理论上证明了相反的观点。他们的研究表明，信任其实要往后排：

> 人物 1：发出脆弱信号（用语言或行为表明需要他人的帮助）
>
> 人物 2：确认该信号
>
> 人物 2：发出回应信号
>
> 人物 1：确认人物 2 的信号

随着这两者之间信任的增加，就为另一个循环创造了机会。

例如，如果我对你说，"我以前从未做过这样的项目，我完全不知所措"，你可以有几种回应方式。如果你没有注意到或忽视我，我会感到被拒绝，不太可能向你寻求支持。更糟糕的是，如果你注意到了，但却居高临下地回应，"你当然不知所措了，你没这个能力"，我以后就再也不想向你寻求支持或信任你。但如果相反，你注意到了，并以一种示弱的方式回应："我记得我第一次做时也几乎崩溃。现在我能帮你做些什么呢？"一旦我识别出了你说话的意思，我们双方都发出了信号，表明我们彼此是安全的。于是，循环完成了，我们现在就可以更进一步相互信任。请注意，人们寻求支持的信号先于信任信号出现。这是因为有人发出了让我们愿意相信他们的信号，而不是相反。这就是说，如果想与某人建立有意义的关系，你必须愿意发出信号。试图让自己看起来完美只会有效地疏远他人。这种信号并不意味着（向他人）过度分享（自己的情况）；而是意味着在冒袒露脆弱带来的风险。有时，你的信号可能会被忽视，或者你可能会对此感到尴尬，但大多数时候，人们的反应会很好，你也会感觉彼此之间更亲近了。

对于新兵训练营中的海军陆战队员来说，这些信号可能不仅仅是口头信号或请求。由于他们的日常训练有意被设计得难以承受，所以，任何一个人都不可能独自完成所有必要的事情。士兵们很快认识到，当看到有人在挣扎时，他们要么互相帮助，要么冒着整个团队被斥责的风险。每一天都会有数千个脆弱循环被制造出来，也会被完成。从确保擦亮鞋子、全体准时列队到符合着装要求，完成这一切的唯一方法就是互相支持。即使是一项很小的任务，比如按时装满自己的水壶，也需要其他人的支持。通常需要几年时间才能建立的信任在几周内突然形成了。如此不同的陌生人紧密地联系在一起，以至于他们把彼此称为家人。他们已经成为愿意牺牲自己的生命来保护自己战友的人。史蒂文的拿手好戏就是制造一个足够大的需要人们合作的麻烦。随着无数脆弱循环的打开和关闭，宜家效应开始扎根，信任增加，人们建立起深度联系。而所有这一切都起因于一种小小的化学物质，保罗·J.扎克博士称之为"道德分子"。

扎克博士从事关于人际关系、相互协作和企业文化的神经科学研究。在实验室的每一天，他都在做各种测试，比如集体解决问题、士兵齐步行进或是双人跳伞（你被绑在另一个人身上）对人际关系的影响。他的研究集中在一种叫作催产素的神奇的神经肽上。

我们很多人都知道，催产素是一种在拥抱时产生的化学物质。在分娩期间和分娩后或在照顾和喂养婴儿的过程中，母亲体内会分泌大量催产素，它对母亲与新生儿的联系产生影响，催产素由此而闻名。随着研究人员对催产素的了解越来越多，他们发现，催产素并非女性独有；事实上，这种化学物质在所有亲社会行为下都会增加，比如拥抱、做爱时。

据扎克博士说，亲密循环与我们所知道的催产素释放是一致的。当人们完成一个循环时，大脑会释放催产素，驱动更多的亲社会行为。参加团体对抗赛的运动员不仅会感到彼此之间的紧密联系，还会对其他球队表现出更多的善意和体贴。这样想吧：当你得知好消息时，你会感到一阵兴奋和快活，你会突然对陌生人微笑，对他人更开放。同样地，催产素的增加为大脑做好了信任和互动的准备。这就是为什么扎克博士把催产素视为"道德分子"；它会向我们的大脑发出关心他人或群体的信号。它确保我们和孩子之间的联系，这样我们能更好地对待彼此。没有它，我们可能无法作为一个物种生存下来。

事实证明，这种道德分子的影响可以根据具体情况而放大。在扎克博士的实验室里，当参加实验的小组感到压力增大时，比如要赶时间完成一项任务时，压力的增加会导致催产素水平升高，促使参与者更快地建立互信关系。

如果你曾经在一个主题公园单人骑车道（供独自骑行的人使用）上骑行，你可能也有过类似的经历。尽管你周围都是陌生人，但此时的兴奋感会提升你的亲社会行为，让你与周围的人迅速建立起信任。跟很多事情一样，当兴奋转化为高强度压力时，这个效果会发生变化。

扎克博士指出，当人类处于极大的压力中，或者置身于人与人相互对抗的环境中时，催产素的增加会导致分裂。正如你所想象的，如果在一个像海军陆战队新兵训练营那样保有高水平催产素的群体中，出现了某个威胁这个群体的人，人们的行为很有可能由亲社会转变为部落主义。

在处于生死攸关的极端条件下，催产素更像是部落主义的化学物质，而不是让人拥抱的化学物质。这就解释了为什么恋爱中的人会觉得对所有人都充满信任，而即将投入战斗的士兵只会觉得与战友有互信关系。高强度压力和敌对环境导致了部落意识的产生。

希望我们中不会有人体验到战争的极端压力和悲惨，但它确实可以帮助我们理解为什么人们会如此紧密地团结在一起。它还为我们提供了一个如何快速与他人建立信任的明确方法。

我们终于把带给史蒂文成功和促使海军陆战队以惊人的速度团结起来的因素拼在一起了。现在，我们拥有了与那些对你很重要的人加强信任的方法，无论他们是知名客户、慈善家、投资者，还是一个能带给你健康的新社交圈。显然，最基本的是，你必须表现出仁爱、诚实和能力。这不是一蹴而就的，而是在交友、事业或人生的整个过程中都必须坚持的。如果人们觉得你没有把他们的最大利益放在心上，人际关系就很难维持。这不是说要隐瞒你想让他们成为你的客户或捐赠者的事实，而是让他们觉得你想为他们带来最好的结果。毕竟，你不也需要一个能保护你、确保你受到很好照顾的销售人员，或者一个对你的捐赠既表示敬意又能以此完成对你来说重要的事情的筹款人吗？这就是我所说的仁爱的意思。

至此，我们已经找到了信任的关键支柱，我们也使用光环效应将我们的关系具体化、情境化了。像吉诺那样，我们也呈现了通常拥有的社会关系谱系。这样做不是为了扩大声望，而是为了寻找建立信任的共同基石。比较理想的方式是通过热情洋溢的介绍，但情况并非总能如此。在我通过晚宴创建的影响者社群中，每次晚宴上只有一两位客人是通过引荐来的。在这种情况下，信任感会更强。那些通常从不接受随机邀请的名人和政治家等知名度高的人，他们会信任我们并参加晚宴。如果有我特别想见而你绝对不敢期待的那些人（比如《变形金刚》电影和动画片中擎天柱的配音着彼得·卡伦），我会找人把他介绍给我们。

你接触的大多数人对你或团队中的任何人来说并不拥有很大意义上的光环。在这种情况下，特别是在商界，人们试图通过奢侈品和礼物来打动或赢得陌生人的信任，但宜家效应启示我们，我们需要采取完全相反的方法。在影响者晚宴上，我们制造了一个大到需要所有人的支持的问题：一顿饭必须在不到一个小时内准备好，如果大家不努力，我们就吃不上饭。

就这样，突然地，每个人都七嘴八舌地参与进来了。由于要做的事情太多，脆弱循环以最快的速度完成了。不到一个小时，一群原本陌生的人坐在了一起，对他们所完成的一切惊叹不已，并渴望有更多相处的时间。他们被灌注了催产素，通常需要数月或数年才能建立起的信任在一个小时内建立起来。最棒的是：这一切皆出于善意和真诚。

现在，你了解了这个机制，你就可以按照自己的方式应用它了。至关重要的是，你必须以合乎道德的方式使用这些知识。本书的目的是让来自任何背景的人都能发展出深层而有意义的关系，不仅能因此改善他们的生活，还能改善所有与他们有联系的人们的生活。以非善意动机快速建立信任可能会被视为操纵，一旦这一行为被发现，人的信誉就会受到损害。我在本书中不断提出一个简单测试：如果你告诉人们你使用了什么信任机制以及原因，他们会觉得被操纵了吗？他们是否可以接受呢？老实说，我认为像你这样心地善良、聪明的人，能把这本书推荐给众多的朋友，从本质上讲，你是仁慈的。我说这些是带着一些预警的，因为我关心的是，人们之间互相发展关系的目的应该是让他们的生活变得更好。

那么，我们从本书的这一部分中学到了什么？首先，你应该向人们寻求更多的帮助。这会让他们更喜欢你，增进你们的关系。这也意味着：你不必再带客户出去吃昂贵的晚餐，而是找到一项共同的活动，比如徒步旅行、健身、艺术项目、志愿者活动，甚至插花。关键在于你们能一起投入精力。最理想的情况是，这些事情与你喜欢和重视的东西正好一致。当你这样做的时候，你会发现友谊的形成能有多快，这一切都是因为一个问题、团体努力、脆弱循环和道德分子这几个元素。

# 联　系

# 第五章
# 有关联系的问题

2008 年 8 月 2 日，伊吉·伊格纳修斯欣喜若狂。他的
10 位投资人刚刚都把支票交给了他，为他梦寐以求的佛罗
里达州中部退休社区开发项目提供资金支持。然而，不到
一个月，伊吉就发现自己陷入了大萧条以来最严重的经济
衰退。佛罗里达州从最热门的房地产市场之一跌至历史低
点。周围的开发商在申请破产，人们纷纷拖欠抵押贷款。
更糟糕的是，在他的社区开发项目的街对面，一套四居室
的房屋售价仅 10 万美元，而他的两居室房屋的售价则达
13 万美元。他遇到麻烦了……至少他是这么想的。但是，
令他惊讶的是，他项目的整个侧翼的套房却很快被销售出
去了。他突然有了足够的钱再建造两套，而在他回过味来
之前，他所有的房子已销售一空。但是，这怎么可能呢？
伊吉的退休社区的房屋价格比市场价高出 30% 以上，但空
间面积只有其 1/2。这就好比在美国人失去大量金钱和储蓄
的时候，每花费一美元只能得到价值 38 美分的商品。

这个社区销售如此良好的答案与伊吉的愿景和一系列

指导我们行为的偏见有关。伊吉于 20 世纪 70 年代从印度移民到美国。他是一个雄心勃勃的人，希望自己 20 多岁时就能有所成就。到 21 世纪 10 年代后期，他拥有了美好的家庭、孙辈和成功的事业。和他的许多朋友一样，他也想退休后回到印度，但他意识到，这个回国的愿望也意味着离开他的朋友、孩子和孙子孙女，放弃美国高质量的医疗服务。有什么方法可以拥有所有的这一切呢？如果在佛罗里达州中部有一个"小印度"，提供人们如此渴望的文化、食物、活动、宗教和社群，会出现什么情况呢？

对于当地居民来说，这将是一个叫作 Shanti-Niketan 的小小天堂。在这里，大家都了解彼此的口音和食物偏好，相互尊重宗教信仰。这意味着，在他们的晚年生活中可以与拥有相同价值观和愿望的人建立联系，可以得到他们喜欢的一切，从米饭、咖喱、自制酸奶到宝莱坞电影和瑜伽。

在经济危机期间，当其他人都陷入困境时，伊吉却获得了难以置信的成功，这一切都是因为他为客户提供了其他任何地方都没有的东西——在不放弃家庭联系的情况下与他们的文化建立起联系。

美国西北大学凯洛格管理学院的一个实验室距离 Shanti-Niketan 社区 2000 公里，由著名的神经科学家莫兰·瑟夫负责。使用手机约会应用程序 Hinge 平台，莫兰和我合作研究了一种不同的联系：是什么让人们为了约会而联系。在这项可能是史上规模最大的约会研究中，我们查看了超过 4.21 亿次可能匹配的数据。由于人们的约会实际上不是在手机约会应用程序上进行，而是通过应用程序联系某人见面，我们试图了解具体有哪些因素最大化地影响人们决定是否交换联系方式。需要指出的是，我们从未见过任何用户的数据、个人资料或对话。

我们的发现非常有趣。首先，"异性相吸"的古老格言真的站不住脚。相反，大多数情况下，越是相似的人越有可能建立联系。这可以一直细化到姓名的首字母。如果人们的姓名首字母相同，他们之间建立联系的可能性要比首字母不同的人高出 11.3%。[1] 这种现象被称为"内隐的利己主义"——本质上，任何让我们想起自己的东西都更具吸引力。可能这听起来有些疯狂，但研究人员发现，名叫丹尼斯的人更可能住在丹佛，成为牙医。[2] 或者卡特里娜飓风过后，女孩的名字以"K"开头的频率更高，比如凯瑟琳和凯蒂，因为媒体的播报使人对此耳熟能详。[3] 至于约会，这种影响则延续到个人简介的各个方面，从宗教信仰（平均增加 97.5% 的约会概率，根据宗教不同，这个概率在 50%—850% 之间）、就学学校类型（当两人同是文科大学时，约会概率增加 38%；如果同毕业于常春藤盟校，概率会增加 64.3%）到使用的手机类型（Android vs. iOS），甚至你的大学参加了 NCAA（全国大学体育协会）的什么比赛。这很令人难以置信，然而，这些因素为什么会有这么大的影响效果呢？为了理解这一点，我在此分享属于历史上最大胆的艺术品盗窃案之一的故事。

1911 年 8 月 21 日，星期一早上 6 点 55 分，一名身穿白色工作服的男子走进法国巴黎罗浮宫博物馆。每周一，罗浮宫都会因清洁、维护和后勤工作而对公众关闭，所以没人注意到该男子在馆内游荡。另外，对这人来说，还有一个出乎意外的好机会，即近来负责巡逻当时这座世界上最大的建筑物（占地面积 198 公顷，共有 1000 个房间）的工作人员从原本就少得可怜的 166 人减少到只有 12 人。这名男子穿过空荡荡的大厅后，走进了卡雷沙龙，这个房间展示的是文艺复兴时期的绘画。进去以后，他简单地思考了一下意大利大师的众多作品中哪一部最吸引他，但为了便于逃脱，他只拿了其中最小的一幅。这是一件不起眼的作品，去掉框架后，它的尺寸很方便被带出去。他本来想从侧门出去，免得让人看见，但这天侧门被锁上了，他需要另想办法。于是，他做了一件令人想象不到的事：他把画裹在白色工作服里，夹在胳膊下，从进来的路原路出去了。[4] 令人惊讶的是，没有人注意到这些，也没有人想到去阻止他。直到第二天，博物馆向公众开放，一位参观者向保安报告：有文物不见了。

博物馆保安向此报告人保证说，这幅画一定是罗浮宫的工作人员为了方便拍照或修复而移走了，然而最终显而易见的结论是，博物馆遭窃了。紧跟着，世界各地的报纸都报道了这件事，有些报纸甚至将此事列为头版头条，原因并不是因为有人曾听说过或特别关心这幅意大利文艺复兴时期绘制的晦涩作品，而只是为了取笑法国政府对罗浮宫的无能管理。随着人们对盗窃案的愤怒加剧，加上还有人对归还行为予以悬赏，这幅挂在罗浮宫侧廊中从未被注意到的作品很快便成了世界上最著名的画作。

这场盗窃案成了一个传奇。当罗浮宫重新开放时，人们纷纷涌入卡雷沙龙，其中包括著名的奥地利作家弗朗茨·卡夫卡。大家都只是为了看一眼曾经挂过此画但现在却变得空空如也的那个地方。在这期间，共有 6500 张通缉海报被分发到巴黎各处，以帮助公众识别这幅画，同时，抓捕小偷的呼声也与日俱增。为破获此案，法国共投入了60 名侦探。他们试图追查线索，但却一无所获。

两个月后，有一帮人为了领悬赏金来到当地一家报馆，声称他们曾多次从罗浮宫偷走作品并卖给他们的"朋友"。没过多久，警方就发现他们提到的"朋友"是诗人兼作家纪尧姆·阿波利奈尔和一位名叫巴勃罗·毕加索的西班牙艺术家。是的，就是这位当时即将成为世界著名立体派画家的毕加索。消息传出后，这两人意识到他们必须赶紧处理掉这些被盗的艺术品。于是，他们把所有东西都装在一个箱子里，想趁着夜色把它们扔到河里，但在最后一刻，他们却实在于心不忍。于是，阿波利奈尔将作品归还给当地报社，要求不要公开他的名字。几天后，警察拘留了他，并命令毕加索出庭。两个人吓坏了。惊恐不已的毕加索甚至声称他从不认识纪尧姆。幸运的是，他们归还的作品并非文艺复兴时期的绘画作品，而是公元前三四世纪制作的伊比利亚雕塑。事实上，这些作品是毕加索著名画作《阿维尼翁的少女》的灵感来源。[5] 由于与那幅失窃的画无关，案件被驳回，两人方得以脱身。[6]

直到 1913 年 12 月，这幅画才再次出现。在将这幅画存放在自己的公寓中两年多后，曾在罗浮宫工作过的玻璃匠文森佐·佩鲁贾，登上了前往佛罗伦萨的火车，去见一位著名的艺术品经销商，想把画卖掉。经核实，此画为失窃品，经销商报了警，文森佐被抓了起来。在认罪后，他只服刑了八个月。与此同时，全世界都为这幅画的回归而欢呼雀跃。它在佛罗伦萨、米兰和罗马进行了短期展出，然后被送回罗浮宫。现在，它成了历史上最著名的画作，当这幅由达·芬奇绘制的女人肖像图被重新挂在卡雷沙龙时，有超过 10 万人前来观看。它由防弹玻璃、警卫和花费重金买到的最好的安全系统保护起来。如今，达·芬奇的这幅《蒙娜丽莎》每年吸引游客超过 800 万人。[7]

那么，一幅创作于 1507 年的不为人知的画作，直到 1860 年才被艺术评论家认定为文艺复兴时期有价值的代表性作品，怎么会从当初的可有可无变成了许多人认为的有史以来最伟大的画作呢？这和 Shanti-Niketan、我们建立联系的方式，甚至是约会有什么关系呢？[8]

我们都有一个有趣的怪癖或偏见，那就是仅仅接触某种东西——食物、声音、产品——就会让我们更喜欢它。你有没有注意到，有时当你旅行时，尝试当地美食时可能会难以接受？如果你曾经尝试过在澳大利亚流行的酵母提取物 Vegemite，你会发现，当地人发誓说这是最好的零食，但外国人，让我们委婉地表达吧，会觉得它不太理想。或者，当一首新歌出来时，你只是不喜欢它，但当你第十次听到它时，它开始变得动听起来。这就是研究人员所说的"重复曝光效应"。我们接触到某东西的次数越多，就会越喜欢、越信任它，也会感觉越舒服。蒙娜丽莎之所以成为传奇画作，并不是因为它远超其他所有画作，而是因为我们都接触过它很多次，而我们一开始接触它的唯一原因是它被盗了。如果它没有被盗，我们可能永远都不会听说它，并且，它仍然会被挂在罗浮宫一间侧室的墙上，而不是吸引人们拍摄了数百万张关于它的照片以及来此自拍。

重复曝光效应是如此强大，它会影响我们吃什么、穿什么以及和谁在一起。有趣的是，我们最容易接触到的一个物体就是我们自己。因此，那些与我们有最多共同点的人最有可能与我们建立联系就是理所当然的了。这就解释了为什么人们愿意花这么多钱住在 Shanti-Niketan。这也是为什么在对约会的研究中，我们发现在几乎所有特征（姓名首字母、大学类型、NCAA 运动会、宗教信仰等）中，人们的共同点越多，他们联系的可能性就越大。

老实说，我们中的大多数人都不会和与我们截然不同的人交往。我们倾向于与具有相似政治观点、收入水平、宗教信仰的那些人共度时光。你可能会说，"迈克是和我宗教信仰不同的会员，但我们是最好的朋友"。尽管总会有例外，但如果你查看迈克的收入、职业、政治观点、价值观和最喜欢的运动队，很可能你们在许多方面有很多重叠。这些被称为"多重关系"。单层关系指的是人们只具有一个共性的关系（例如，你是某个商店的客户，而另一个人负责在该商店收银）。如果你们两个也找同一个发型师理发，去同一个健身房健身，参加同一个教堂的活动，那么你们两个就有多个相关点，你们就有了所谓的多重关系。研究发现，随着接触点数量的增加，人们相互联系的机会也会增加。考虑到每个额外的层面都会提供更多的曝光，这应该不会让你感到惊讶了。而让你震惊的是距离带来的巨大影响。

如果每次我们想和朋友出去玩都需要开车六个小时才能做到，我们就很可能根本不去找他了。在 20 世纪 70 年代，麻省理工学院教授托马斯·艾伦想要了解办公室之间的距离对人们的交流或联系有何影响。显然，如果另一个人住在其他国家 / 地区，你们可能永远不会见面，但是，如果另一个人的办公桌与你相邻而不是隔着挡板对坐，你多久会与他联系一次？ 在绘制沟通频率与办公桌距离的关系图时，艾伦发现了一个令人惊讶的结果。两个人坐得越近，相互交流的频率就会呈指数级增长。如果两个人之间的距离超过 50 米，他们之间的交流就会趋于零。这种关系后来被称为艾伦曲线，它也同样适用于数字通信。正如艾伦在他的书中所说：

> 我们的数据显示，对所有通信媒体的使用都会随着距离的增加而衰减。我们与某人面对面的次数越多，我们就越有可能给他打电话或通过另一种媒体进行沟通交流。

这就是 Shanti Niketan 如此成功的原因。在一生都接触相同的文化、政治、食物和宗教之后，他们拥有了一个充满多重关系和亲近感的社群。这是一个每个人都可以毫不费力地进行自然联系的环境。正如谚语所说，物以类聚，人以群分。正是人们的相似之处吸引了他们聚集在一起。这些故事可以让你深入了解你是如何与自己的朋友结交的。他们很可能看起来像你，参加相同的活动，并且住在附近。它也可以解释为什么你走上了你选择的职业道路。我经常对有那么多孩子做着和他们的父母类似的工作感到惊讶。毕竟，这是他们从小所接触到的。

当你想与人回忆你最喜欢的童年节目或观看当地的运动队时，拥有这些共同点可能会让人感到欣慰，但当你的抱负和目标超出你的核心圈子或你长大的地方时，这就非常有局限性了。我们想要的是一种超越这些限制因素与人们建立联系的方式。我们希望与我们尊重、钦佩并能助我们成功的人建立有意义的关系。就我而言，我不是和亿万富翁、职业运动员、名人或企业高管一起长大的。如果仅限于与我一起长大的人联系，我很大程度上会认识有创造力的人，因为我父亲是艺术家，我母亲是音乐家。尽管这可能很鼓舞人心，但这与我想学什么或我感兴趣的职业无关。但现在，我的生活因为我的人际关系的多样性而无限丰富。这要归功于我一直在研究如何超越重复曝光效应和多重关系。

首先我认识到，要与人建立联系，无论他们的影响程度如何，我们都需要了解两个基本要素：

**1. 是什么让他们注意到我们？** 没有人会无故去开会、购买产品或向他们不知道其存在的非营利组织捐款，学生也不会在他们从未听说过的联谊会上宣誓。

**2. 如何吸引这些人，让他们愿意与我们互动？** 即使他们听说过我们及我们的产品、事业或组织，他们也需要看到有足够的价值值得他们花钱或参与其中。

回答这些问题将使我们能够与我们期待中的任何人联系。请记住，在遇到我们之前，他们可能不知道我们是谁或我们有多棒。从我们的角度来看，很难想象他们不想成为我们社交圈的一部分，但事实上，为了与大多数人建立联系，我们需要了解他们的价值所在。请记住，正是当珍·尼德奇为人们提供了他们关心的东西——一种健康的生活方式——时，她才建立起了一种联系，她的社群也形成了。因此，当其他人询问，从使用自利方法的人那里他们能得到什么时，我们需要践行仁爱并专注于他们所关心的事情。

# 第六章

# 如何与他人建立联系

在我 28 岁去参加前面提到的那个研讨会时，我意识到，如果想与有影响力的人建立联系，我需要了解他们重视什么。我知道，只要够卖力，我就能找出认识几乎任何一个人的办法，但是，我的目标不仅仅是与某人握个手然后拍张自拍。我想要的是与人发展有意义的关系。我希望我钦佩的人成为我的社交圈或社群的一部分，并让他们之间也相互保持联系。问题是，我不是在名人身边长大的，这就意味着，我并不了解他们的生活或者知道什么东西能吸引他们。因此，作为一个落伍的人，我去采访了那些可以与我分享见解的助理们、商业领袖们和朋友们。

经过我的思考，我觉得很明显的一点是，人们联系的动机截然不同。有些人受社会影响的驱使，有些人受财富和权力的驱使，还有一些人是为了与有吸引力的人打情骂俏。即使有时间或有兴趣研究每个人，我也很可能在这方面搞混，因为我们常常无法意识到自己的动机是什么。于是，我试图去了解有影响力的人有哪些共同点，但我发现，以同样的方式对待一切有影响力的人无异于以同样的方式对待不同年龄段的儿童。任何家长都会告诉你，四岁的孩子和青少年阶段的孩子兴趣大不同。同样，那些重要人物在影响谁以及如何影响对方上也各不相同，因此，他们的生活、社会压力和所重视的东西也大不相同。

我需要找到一种将人们分组的方法，然后弄明白如何与每组人建立联系。最初，我不清楚是应该按行业（技术、媒体等）、受众（教会信徒、共济会、体育迷等）还是按其他什么标准来分组。渐渐地我发现，随着某人影响力的大小发生变化，他们的社会压力也随之变化。在当今世界，这一点似乎是显而易见的，即一个人在照片墙（Instagram）上拥有的粉丝数量会决定他的影响力，但在20世纪10年代后期，照片墙这个社交平台尚不存在，网红也还不是一种职业。

最终，我将人们分成了以下四组：

**1. 全球影响者：** 这些人的影响力遍及世界各地，这就意味着他们有能力影响经济，获得媒体的即时关注，并在国际上享有盛名。尽管大多数人是通过商业上的成功和政治上的努力赢得他们的地位的，但另外一些人，如皇室会员和名人，却可以在无须付出这种努力的情况下获得这种地位。这些全球影响者包括伊丽莎白女王、美国总统、埃隆·马斯克、奥普拉·温弗瑞、理查德·布兰森爵士、比尔·盖茨、碧昂丝等。

**2. 行业影响者：**这个群体的会员有能力影响他们所在的行业，并通过他们的领先思想（如教授、科学家、作家等）、担纲职位（首席执行官、首席营销官、总编辑、总经理等）或之前事业的成功（出售公司或获得奥运奖牌、诺贝尔奖、奥斯卡奖、格莱美奖等）赢得了尊重。请注意，全球影响者通常也会在其行业之外得到认可（就像每个人都认识理查德·布兰森爵士一样），但大多数人却无法说出财富100强中排名前10位公司的首席执行官的名字，尽管这些领导者中的每一位都在他们的行业领域影响非凡。

**3. 社群影响者：**行业影响者以下的一个层级是商业领域或社群的影响者。在公司，他可能担任副总裁的职位，对重要的组织、预算或运行结果负责。他也可能是精神领袖、老师或服务于宗教或文化社群的导师。除此之外，这些人还可能是已经拥有大量追随者但尚未获得行业认可的创意人士。简而言之，他们可以影响或引导行业内的社群或领域。

**4. 个体影响者：**即那些影响你生活或因你而受影响的人。他们可能是你最好的朋友、家人、同事，甚至是你的发型师、学校老师或培训师。重要的是，这是一种双向关系。他不是你只在社交媒体上关注的人；他是和你有联系的人。

一旦我将人们分成四组，我就能研究他们重视什么以及如何与他们建立联系了。我要指出的是，我们需要注意一个很大的陷阱。虽然没有什么比得知你正在发展人际关系更让我高兴的了，但是，人们往往过于关注与名人的联系，认为这个人越重要越好。不要误会我的意思，与名人和大咖一起出去玩的确很酷、很性感，但大多数情况下，这可能无助于实现你的目标。至少他们不是能真正影响你生活质量的人。如果你想找关系把孩子送进一所好学校，认识马克·扎克伯格可能无济于事。在这种情况下，与学校院长或教育界的领导等社群影响者建立关系可能更有帮助。从这个例子我们看出，认识全球影响者并不一定比认识行业或社群影响者更好。上面某个分组中的人并不优于另一组的人。重要的是，你对生活、职业生涯、公司或事业有什么期望。

由于我不想限制我的人际关系范围，所以我需要了解每组人群都重视些什么。我开发的方法不仅是为了促进与人的联系，还为了让他们之间建立相互联系。我们希望每个人都过得更好，同时还能感觉到自己是健康社交圈的一部分。接下来，我将为每组提供一个策略。我鼓励你把它们都读一遍，然后选择那个最适合你目标的策略。

第七章

# 与全球影响者和行业影响者建立联系

　　当我问人们，"如果让你遇见一个在世的名人，你希望那个人是谁？"答案往往取决于年龄。我 13 岁的侄女艾丁可能会说是特雷弗·诺亚和泰勒·斯威夫特，但成年人往往回答说是埃隆·马斯克、奥普拉·温弗瑞、沃伦·巴菲特、安格拉·默克尔、理查德·布兰森爵士、碧昂斯、杰夫·贝佐斯和米歇尔·奥巴马。你的名单也许与他们的有所不同，可能会包括更多的运动员或政治家，也许是一两位明星。无论你想见面的人是足球运动员、银行家还是乐队歌手，他们很有可能都在国际上或至少在行业内享有盛名。令人惊讶的是，全球影响者和行业影响者面临的社会压力迥然不同，因此，与他们建立联系的方法和理念也不同。由于几乎每个人都有心目中的偶像（通常那是一位全球影响者），我们就从他们开始，然后说明他们与行业影响者之间的关系。

## 全球影响者

由于对全球影响者的需求特别高，以至于他们通常要有私人保安、行政助理、经理、代理人、主管和完整的团队一起来完成工作。因此，他们往往生活在泡沫之中。从起床到上床睡觉，一天中的每一环节都被安排好了。有时，他们的团队一大早就来到其家中以便立即投入工作，他们参加的会议也一个接着一个，很少或根本无法与外界接触。从家里出发，上车、开会，上车、登机，上车、去酒店、出席午餐会，直到回家，其间他们的一切活动都被一一安排好了，直至一切结束后他们匆匆离去，这一切都是为了确保他们繁忙的日程表得以全部完成。

即使能够参加他们正在举办的活动，你也需要以一种尊重的方式绕过他们的助理、保安和团队。这将是一个不小的挑战。当然，如果你自己恰好是一名全球影响者，你可以让你的团队安排一些聚会时间，或者你可以获得一个超级独家活动的邀请，比如谷歌夏令营，它被媒体称为"亿万富翁夏令营"。[1] 2019 年，它因为奥巴马总统、超级名模卡莉·克洛斯、设计师黛安·冯·弗斯滕伯格，以及凯蒂·佩里、哈里·斯泰尔斯和一系列行业偶像的到来而登上了媒体头条。

如果你喜欢不那么高调但更隐秘的活动，你可以尝试去参加比尔德伯格会议。自 1954 年以来，每年都有 130

位政治家、金融家和思想领袖在此秘密会面，[2]讨论有关北美和欧洲的话题。我没有说谎，尽管这听起来很像詹姆斯·邦德的电影情节。

这些活动中最著名的可能是世界经济论坛，该论坛邀请了非常知名的政治界、商业界和文化界的领袖来制定全球、地区和行业议程。这些商界和政界领袖在每年一月份参加为期一周的会议，体验瑞士阿尔卑斯山小镇达沃斯的寒冷。事实上，如果你足够幸运，被邀请购买了一张5万—21万美元的门票，你将有幸与世界大型公司的首席执行官、亿万富翁、世界各地的总理、美国总统以及成千上万的人亲密接触。[3]所以，除非你拥有绰绰有余的10亿美元资金，或者碰巧管理着国际货币基金组织，否则我们将需要为你寻找另一种不同的联系方法。我在一个意想不到的地方找到了与这些全球影响者建立联系的解决方案：纽约戏剧世界。

斯科特·桑德斯有一个愿景。在纽约著名的广播城音乐厅制作完成了无数个节目后，他想创作一个可以重新定义百老汇观众的节目。换个角度来看，2004年，百老汇的所有观众中只有不到4%的人是非裔美国人，而他们大多数人可能也只是看了一场《狮子王》的演出。桑德斯的想法是将普利策奖获奖小说《紫色》搬上舞台。为了吸引到新观众，他希望得到受所有人喜爱和信任的人的支持。他想到了奥普拉，她曾于20世纪80年代出演过《紫色》改编的电影。你可以想象，像奥普拉这样受人尊敬的名人是很难联络上的，更何况桑德斯还需要她花几个小时的时间来观看并评价演出。

他并没有直接去联系奥普拉，而是使用了我所称的"神通广大法"，最棒的是，他是无意中做到的。全球领导者往往有一个由可信任的朋友、商业伙伴和雇员组成的紧密圈子，这些人会是律师、会计师和代理人，他们可能管理着公司的各个部门，甚至可能他们互相是最好的朋友。而"神通广大法"很简单：如果你与他们核心圈子中的某人建立起信任关系，你最终将成为他们社群的一部分，并将作为一个值得信任的会员被吸引进来。毕竟，假如你和特斯拉、太阳城公司（Solar City）、太空探索技术公司（SpaceX）及神经联系公司（Neuralink）的总裁是朋友，不久你就会和埃隆·马斯克[1]在一起了。你会注意到，这个核心圈子通常由行业影响者组成。

因此，斯科特没有着急。在他筹备这个演出的几年中，他一直在芝加哥的奥普拉工作室与戴安娜·罗斯和奎因·拉蒂法等行业领导者合作。奥普拉就在 10 米之外，他忍住不去做生硬的打扰。他知道，只有在经过中间人的热情介绍的会面下，自己才会被认真对待。当演出筹备进入最后阶段时，他向他的共同制作人、音乐传奇人物昆西·琼斯征求如何获得媒体关注的建议。琼斯建议他去找盖尔·金，她当时不仅在为奥普拉的杂志工作，而且出乎斯科特

---

[1] 以上都是马斯克本人创建的公司。——译者注

的意料，盖尔还是奥普拉最好的朋友。当盖尔接受邀请观看该剧的预演时，她发现这部剧非常吸引人，非常精彩，于是，她发短信给奥普拉："斯科特做的事会让你感到骄傲的。"

几天后，奥普拉打电话给斯科特，连考察都没考察就询问给他投资的事。你可以想象，斯科特受宠若惊，但他真正感兴趣的不是钱。他希望，在百老汇有这样一个地方，不但可以作为社群让非裔美国人进驻，还能让他们感受到被看见，在此过程中，还能吸引超过不止一位数的有色人种观众。几个月后，当该剧的遮檐棚搭起来的时候，它打出了"《紫色》——奥普拉·温弗瑞推荐"的字样。奥普拉的认可引起了人们的注意，这部改编自艾丽斯·沃克原著的引人入胜的剧目得以保留下来。它既成为一部势不可当的热门剧，又实现了斯科特的梦想。观众中有 50% 的人是非裔美国人。斯科特知道，奥普拉的参与意味着这部剧将吸引那些不太可能观看百老汇戏剧的人们，这样做也确实奏效了。

几年后，奥普拉告诉斯科特，如果他在被介绍互相认识前的一两年去她的大楼里找自己，她会觉得这个要求太过分。实际上，盖尔邀请奥普拉与他见面时正是在斯科特准备启动演出的当口，这就使她能够带来独家资源和观众。由值得信赖的人引荐进全球影响者的核心圈子，才让一切大不一样了。

尽管斯科特拥有的一切足以让他成为一个行业领导者，

但他还是花时间确保双方的关系在合适的时机下发展。在此得出的经验很简单：花时间与行业影响者建立关系，然后才能找到与全球知名人士联系的途径。

经验告诉我，虽然这个方法是有效的，但也并不总会像我们预期的那样令人满意。对新手来说，建立联系的真正乐趣是发展持久的关系。忙于全球性工作的人不一定有足够的精力或兴趣加入我们的社交圈或社群。但这并不是说他们不喜欢参与；而是因为他们已有太多的责任，再参与社群活动不现实。老实说，我怀疑英国女王会四处寻找新的好朋友。更重要的是，这还取决于你想达成什么。要知道，他们的核心圈子里的人可能比他们本人在处理此事上做得还要好。如果你想让理查德·布兰森爵士支持你的事业，你最好与他的非营利组织维珍联合会的负责人联系。不仅因为后者对你来说更容易接近并与之发展关系，而且他们知道什么是日常的优先事项以及什么可以做、什么不可以做等错综复杂的事物。接近理查德所花费的时间，足够你与 20 个组织（类似于维珍联合会）建立联系了。由于全球影响者的核心圈子往往也是由行业影响者组成的，让我们再来看看如何与行业影响者建立联系。

## 行业影响者

当年，理查德·索尔·沃尔曼策划的第一次 TED 大会是一场彻头彻尾的财务灾难。他曾希望这会像举办"终极晚宴"一样顺遂，但在 1984 年，人们可能还没有准备好接受他的想法。他相信，听众早就已经厌倦了会议，他们并不想在一个小时里听一个穿着西服的白人老先生喋喋不休地谈论其公司有多伟大。受到强调简单和智能的包豪斯设计运动的启发，理查德考虑要从会议中删除所有不必要的内容。他剔除了黑板、西装、讲台、长篇大论、PPT、人物介绍和其他没人会想起的小事，最后只剩下一个不到 18 分钟的精彩演讲。[4] 这将成为一场对会议形式的"颠覆"，在这里聚集的是最优秀和最聪明的人，与世界上所有其他会议都不同，人们的兴趣不再局限于单一领域（如医学、计算机、建筑）。相反，他把各个行业的人聚集在一起，聚焦于技术、娱乐和设计（TED 的名字即来自这几个英语词汇的缩写）。为了使它变得更为独特，像许多最好的晚宴活动一样，来 TED 的人只能受邀出席。[5]

　　理查德的风格完全不同于任何人的预期。他和演讲者一起站在台上，如果这些人让他感到厌烦，他会让他们停下来，然后离开。因为演讲时间很短，当某人做得很棒的时候，听众会感到很高兴，而如果他们表现不佳，在听众生气之前他们已经消失了。然而，即便有领先思考者的精彩演讲和当时尖端技术的演示，如光盘播放器和电子书阅读器，大会还是损失了一大笔钱。

　　六年后，理查德和他的合伙人再次尝试，这次，世界已经为此做好了准备。[6] 在社交媒体和病毒式营销出现之前，TED 已做到将演讲内容提前一年售罄。[7] 它曾经是、现在仍然是少数几个你可以与获奖音乐家、亿万富翁、建筑师、作家、诺贝尔奖得主、发明家和诸如此类的人同场现身的地方。理查德最终将公司出售给克里斯·安德森，后者将它转变为非营利组织，并难以置信地扩展到全世界。2006 年，在时任 TED 媒体总监朱恩·科恩的建议下，他们开始将演讲发布到网上。[8] 在此后的几年里，TED 已成为一个全球性实体，在几大洲都举办了 TED 大会，此外还与世界上多家顶级品牌合作，并在世界各地的数百个城市独立运营着名为"TEDx"的分支机构。

曾有许多组织都试图举办规模非凡的大会和活动，但最终为什么是 TED 成功了呢？这个答案与理查德独特的领导风格、标新立异的大会形式，当然还有活动启动时的特定文化时间节点有关。但是，我们通过自己的努力可以学习和复制其永远不会过时的特质，从而与他人建立联系并影响到他们。

当我开始研究行业影响者的生活以及我们在 TED 演讲舞台或影响者晚宴上看到的那些人时，我意识到了人们期望从这些行业顶端平台的运作中得到的是什么。具体来说，人们期望的东西可以分为五类，我称之为 STEAM：地位、时间、专业知识、权力和金钱。

如果有人认为，他们可以在某个会议上径直走到行业领导者面前或者通过电子邮件向对方提出请求，然后就得到积极的回应，那是幼稚的，甚至可能是傲慢的。行业领导者对各种请求应接不暇，他们学会了仔细过滤。但是，通过我的研究，我确定了四种特质，通过培养这些特质，可以让你的互动和活动更具吸引力和持续性。它们是：慷慨、新颖、策划和震撼。

人们发现，这四种特质始终能够引起行业影响者的关注并把他们吸引过来。慷慨、新颖、策划和震撼能激发建立更深层、更有意义的联系的愿望。我要指出的是，你不必具备所有这些特质，但具备得越多，与行业领导者建立密切关系的机会就越大。至于如何决定优先顺序，那将取决于你自己。

## 慷　慨

什么是慷慨？是送人礼物、帮人搬家，还是捐款给慈善机构？所谓慷慨指的是，你付出的东西（如金钱、时间、产品）比他人需要的或预期的要多。你可能听说过并且也认为我们需要给人们送大量的礼物才叫慷慨，但这不是我想讨论的。为了理解什么是慷慨，我们来看看著名的沃顿商学院教授亚当·格兰特的研究吧。格兰特考查了医科学生、销售人员和工程师的成功概率，将每组中的给予者（慷慨付出）、获取者（为自己谋利）和互利者（模仿他人行为——对给予者付出，对获取者不付出）进行了比较。

在比较这三组人时，格兰特发现了一些令人惊讶的事情：医学院成绩最差的学生、收入最低的销售人员、生产力最低的工程师都是给予者。这似乎违背了我到目前为止所宣讲的一切。关心他人和乐意奉献为什么会降低你的成功率呢？

这也引出了一个问题：哪些人是最成功的人？让人惊讶的是，最成功的人也是给予者。格兰特注意到，成功的给予者和失败的给予者之间的区别在于：知道在哪里划界线。那些过度付出以至于无法顾及自己所需的人会经历崩溃。如果你是一名帮助他人学习的医科学生，但你却没有给自己学习留出足够的时间，你的成绩就会受到影响。相反，如果你既能做到对他人的付出超出其预期，同时也能照顾好自己，那么你不仅会得到其他给予者的支持，也会得到互利者的支持。那么，为什么给予者往往处于成功的顶端呢？格兰特解释说，在获取者那里，其成功会很快，但失败也会很快，因为寻求某种公平的互利者会指责他们是剥削者。事实上，持有奉献文化的公司在所有可能的指标上，从利润、客户满意度到良好的员工保留率和低运营成本等方面，都表现得更好。这是一种最佳的、健康的慷慨。我们需要取得一种平衡，既要慷慨付出、让对方感到被包容，又要确保自己成功还不至于崩溃。

理查德在 TED 上的一大高招就是将慷慨精神融入整个体验中。很明显，理查德的主要目标不是从人们身上赚钱，而是为了让人们聚在一起做一些特别的事情。成为如此高价值社群的一员是非同寻常的，如果你幸运的话，他会为你提供一个舞台。这是一个与你最敬佩和最尊重的行业领导者分享想法、大放异彩的机会。TED 的慷慨基于这一点，

第七章 与全球影响者和行业影响者建立联系 | 099

即社群奉献为它注入了活力。它之所以成功，是因为人们在此的付出超出了受众的预期，而他们从中得到的也超出了自己的预期。演讲并没有报酬，但能出席并参加 TED 大会对人们来说即是一种荣誉。

这就有一个很大的区别，人们常常把慷慨与馈赠混为一谈。一些品牌和某些人常常试图通过提供奢华的体验、昂贵的商品和聚会上的活动礼品袋来赢得人心。当被问到如何处理这些礼品袋时，大多数人会告诉你，他们很少留下使用。除非有人已经是公司或产品的粉丝，否则他们通常要么扔掉，要么转送他人，哪怕是手机、电脑和电器等昂贵物品。请记住，本杰明·富兰克林不是通过给他的对手一本书，而是通过让他的对手不厌其烦地给自己带来一本书而把那人争取过来的。同样，我们需要聚焦在让人们有机会投入共同努力、感受被包容和建立起相互联系的慷慨上。这就是我们培养信任基石的方式，在信任的基础上，人们将获得超过他们期望的东西。影响者晚宴就是围绕这种慷慨而创建的。我们给人们发出共同合作和建立联系的邀请。你呢，则可以邀请人们去城市远足或参加工作坊、运动或艺术项目。它甚至被证明对于视频游戏上的团队合作也有效。

不过，仅靠慷慨是不够的。行业影响者会收到无数参加活动和获得免费产品的邀请，因此，我们需要越过慷慨，看看还有什么能吸引他们的注意力。

## 新　颖

《创意曲线》的作者艾伦·甘内特认为，当事物足够新颖、有趣，并且又足够让人感觉熟悉、安全时，它们就会吸引人。如果太熟悉，必定感觉陈词滥调和寡淡无味；而如果太异类，也会让人不舒服或过于前卫，因此只能吸引很少的人。这就是为何大家都知道冰岛最著名的音乐家比约克的名字，但可能不会去重复听她的音乐。这种在新事物和熟悉事物之间所搞的平衡，可能与大脑中被称为 SN/VTA[①] 的这部分有关。研究人员称之为大脑的"主要新奇中心"。[9] 当我们接触到新的或不同的事物时，SN/VTA 就会对事物的新奇度做出相应的回应。下面这点对我们来说很重要：它会"吸引我们去探索和理解它"。也就是说，当事物新奇程度不同时，我们会被吸引去观察和了解它。但是，与创意曲线类似，如果事物太过新奇，像是外星人飞船登陆地球之类，我们就会因害怕而回避。关键是要找到那个最佳点。对大多数人来说，我们面对的挑战是要使我们所做的事情变得更加新奇，尽管有些人的想法太过疯狂，我们有时不得不有所收敛。

有一个简单的测试可以知道某件事是否足够新奇。请问一下自己："它有足够的理由引人注目吗？"即：它的非凡或不寻常值得人们关注吗？在历史上，人类这一物种是

---

① 黑质/腹侧被盖区，ventral tegmental area，是愉悦系统和奖励回路的一部分。——译者注

通过口述历史传承知识的。如果某件事是重要的或与文化相关的，人们会对它加以评论。如果它毫无新奇，就会被遗忘。假如你想让有影响力的人注意到你，并与你互动，你需要正确地让它凸显出来。

报界的俗语"如果头破血流了就会占据头条"即体现了这一悖论。暴力故事很容易抓住我们的注意力，它们引人注目的原因是它们令人震惊和担忧。但我们需要用正确的理由脱颖而出，而它们也是你愿意与之相关的。

我们可以看到这一原则在 TED 上发挥得淋漓尽致。由于大会并不局限于某个行业，人们可以接触到来自各个领域的杰出思考者，而演讲的内容被设计为无论听众的知识或专业水平在哪个层次都能听懂。于是，忽然之间，各种想法就在不同行业之间传播开来。以前，你需要听几个小时的讲座或阅读数百页文章才能接触到一个想法，而理查德的演讲者会就你不曾知晓的主题在几分钟内带来一堂大师级的私人授课。一旦克里斯·安德森和朱恩·科恩开始将视频放到网上，这些行业翘楚们的演讲就是面向全世界的了。

它通过显著性测试了吗？毫无疑问，它收获了数亿的视频观看量。人们不仅观看，而且分享，它如此受欢迎，以至于有观众自愿花时间将最好的演讲翻译成其他语言让全世界的人都可以学习并受到启发。

如果你看过 TED 演讲，你会注意到，它们不耸人听闻，更不宣扬世界末日，也很少讨论暴力，但很新颖，包括理查德的演讲形式以及克里斯将其发展成全球平台的方法。新颖可以通过非常简单的特征实现。在影响者晚宴上，嘉宾们不能谈论自己的职业，大多数TED演讲仅限于九分钟。我最喜欢的一个例子是拉里·史密斯推广的六字回忆录项目。其灵感来自美国作家欧内斯特·海明威，这个想法是：用六个字来概述你的人生。另外还有两个例子：艾莉森·哈里斯的"每年搬家，然后回家"和丽莎·安妮·波特的"梦想温暖现实"。[10] 我采取的则是"去它的诵读困难症！写本书给他们看看"！请注意，这些示例都如此简单。它们并不需要花费大量的努力，尽管这些灵感的目的是让你去创造一些伟大的东西。你只要去做就行了。关键是，它的结果能引发好奇心，值得大家讨论。最棒的是，大多数新颖的体验并不需要投入很多金钱。在把TED搬上舞台之前，理查德是在客厅里尝试TED的演讲形式的，他为此未花一分一文。当我开启影响者晚宴时，没有租赁设备、没有工作人员或昂贵的食物。最重要的只是参与的一群人和那么一种形式。

## 策 划

问一个问题：你认为在我们的文化中那些最有影响力的人与谁相处的时间最长？我得到的最常见的回答，要么是"其他有影响力的人"，要么是"他们的家人"。在此我提示大家注意一下重要领导者会花多少时间与他们的行政或执行助理在一起。行政助理负责管理他们的日程安排，

通知他们去哪里、何时去，让他们的生活有条不紊。排在
行政助理之后的，才是他们的团队、客户，或许还有他们
的老板（这取决于公司），直到一天结束的时候才轮到他们
与家人或朋友聊天。

事实上，他们和你一样，也希望遇见其他有影响力的
人，所以，他们愿意长途旅行，花巨资参加达沃斯论坛、
米尔肯研究所全球会议（要花费 1.5 万—5 万美元）、TED
大会（要花费 0.5 万—5 万美元甚至更多）等，为的是有机
会听到有趣的想法（尽管你常常可以在网上免费听到和看
到），更重要的是，花时间去与优秀的人见面。虽然新冠肺
炎之后，人们面对面的聚会减少了，但是现身在"对"的
Zoom 视频房间里或虚拟活动中仍然具有很高的价值。

当我们考虑参加一个活动时，无论是社交活动还是专
业活动，我们的第一个问题通常是："谁将出席？"老实说，
我们不想和无聊的人或我们不喜欢的人在一起。

一个人越有影响力，他们对花费时间带来的收获就有
越高的需求。这就是为什么行业影响者宁愿长途旅行、不
惜花费巨资，他们要确保自己走进的是一间满是他们想见
的人的房间。就像一位伟大的博物馆策展人要选择对的艺
术品组合来展示一样，我们的工作是选择出现在房间里以
及我们的社交圈和社群中的人。在此需要明确以下一点，
即我并不是说你要剔除掉你生活中的人，或者说经营每一
段关系都需要经过计算，而是说，正确的人员组合非常重
要。理想的情况是，参与的每个人都会与至少一个或两个

人兴奋地相见或交谈。如果每个人都想和同一个人说话，聚会就会失去平衡。这并不是说你需要有很多人——通常，见到三四个对的人比身边有两百人更令人愉悦。在任何大型聚会中，想要参加的人数都会大大超过空间的涵容量。而我们这么做不是为了展现自大自负，就像一家夜总会试图通过把人们拒之门外来让自己看起来很酷那样。而是，随着人数增加，亲近的关系会崩解，在有意义的层面上建立联系的可能性会趋于减小。我们的目标是发展和提升人际关系，并让人们建立起相互联系。而策划就是用有趣的人员组合来填充这些空间，使每个人都很享受，感觉更好。

由于理查德将 TED 视为终极晚宴，因此他要邀请的嘉宾即每个出席者都能成为站在舞台上的人。如此高的标准确保了每个人都很有趣，非常值得与之交谈。嘉宾背景和专业知识的多样化只会增添活动价值和新颖性，同时降低竞争，缩小等级。影响者晚宴也是一样的：获得托尼奖的戏剧专业人士不会与获得普利策奖的摄影师或奥运会运动员出现竞争。他们每个人都会被对方吸引住，彼此间怀有深深的敬意。

## 震　撼

可以说，人类最渴望的情感或精神状态是震撼。不是说爱、幸福和归属感不美妙，而是因为震撼是如此难得。它被描述为"由宏伟、崇高、极为强大的事物所产生的一种压倒性的尊敬、钦佩、畏惧等感觉"。[11] 它使人们在宇宙中重新定位自己。令人震撼的时刻都是难得的时刻，就如同父母第一次抱起自己的孩子。他们也可能会这样描述："宇宙在我周围消失了，这是一个完美的时刻，现在只有我们两人。"

当人们体验到震撼时，他们会对彼此更慷慨，相互联系得更紧密。在某种程度上，触发这种感觉可以为建立人际关系提供难以置信的背景。

我在此想强调两件事。首先，这是一个极高的标准。我不认为震撼会经常出现，但将其作为一项原则，会让我们以更高的标准思考。第二，震撼与新颖是不同的。我们并非每次尝试新事物都会感到震撼。相反，一个令人震撼的时刻会突然改变我们的视角，让我们以一种新的方式看待世界。我们会体验到生命的宏大和相互的关联。以前不可能或不可想象的事情变成了新的范式。

人们观看月球登陆、第一次参加苹果演示，甚至是第一次去天文馆，看到自己在宏大的宇宙中是如此渺小时都会感到震撼。新颖更容易产生，通常效果也是暂时的。而震撼是令人难忘的，并且会导致我们的视角发生转变。令人惊叹的景色、富有感召力的艺术品，甚至是通过显微镜观察到现存的最小生命组成都有可能触发震撼之感。

在 TED 大会上，这样的时刻时有发生。如：当科学家首次分享一项发现，技术专家展示意想不到的技术突破，或者艺术家分享一项创意时。一个缺失了我们每天都在使用的技术的世界是很难想象的。在 1984 年的 TED 舞台上，他们展示了第一款电子阅读器，这比亚马逊的 Kindle 发布早了 20 多年。这样的时刻将给无数行业的观众带来思维上的根本性转变。

影响者晚宴也有这样让人哑口无言或目瞪口呆的时刻。它不会在每次晚宴上都出现，但当它发生时，却是非常令人难忘的。当参与者发现与他们一起做鳄梨酱的人是诺贝尔奖获得者或曾 12 次入选 NBA 全明星的运动员时，他们会睁大眼睛，带着困惑和怀疑。这可真是太棒了！

当你考虑自己想要创建什么的时候，问问自己如何才能激发震撼吧。这是一个很难企及的标准，但当你做到的时候，人们将从四面八方涌来，只是为了相互建立联系并受到激励。

## 行业影响者：将慷慨、新颖、策划和震撼结合起来

显然，理查德和克里斯能够让 TED 成功的原因有很多，但我们从这个案例中学到的是：存在着这样一套明确而永恒的支柱或价值观，它可以让行业影响者建立起联系。如果你创建的活动或体验具有以上这四个特征中的一个或两个，你将击球得分。如果你成功地将其中的三项或四项结合起来，并且做到组织和设计良好，你将获得一个本垒打。

如果你想被行业影响者注意到并与他们建立起联系，你需要创造一些与众不同的新东西。你要问自己如下问题：

**1. 我怎样才能做到慷慨或创造一个慷慨的空间？** 这不需要你花费大量的时间或金钱来举办活动。它可以很简单，比如举办一场聚餐，或者就一个重要的行业主题启动一个在线论坛。最重要的是，你提供的东西有价值，值得大家投入精力。我们要确保大家都关心它，并确保宜家效应发挥作用。

**2. 我能带来什么新颖的东西呢？** 如果你做的只是拷贝另一场活动，它不会脱颖而出，也不会引起人们的好奇心或关注。如果它足够新颖，它将会引人注目，人们将谈论它。新颖可以来自活动形式、提供的食物，或是人们带来的东西、谈论的事物或在活动中所做的事情。

**3. 你组织策划什么人参加？** 你是要联系同在一个行业的人，还是行业有交叉（例如技术和电影）抑或跨多个行业的人？即使通过我们的咨询帮助某公司建立起了所在行业的社群，我们通常也会建议在社群中纳入一些邻近行业的人（例如分享科学想法的研究人员、讲故事的记者）。对社群会员来说，这可以确保见到一些虽已工作多年但仍没见过的新面孔。

**4. 你如何触发震撼？** 这是迄今为止最难的原则。有时，它可以通过制造惊喜、提出新的想法或与大自然的交流来实现。但也不要太沉迷于此，当然，向自己和其他人提出这个问题并探索一番也不会有什么坏处。

除了影响者晚宴，我和我的团队还为影响者社群和我们的客户开发了无数其他体验。其中最受欢迎的是一种灵感文化：影响者沙龙。在大多数晚宴之后，我们会邀请另外60—100名社群会员参加鸡尾酒会，在大约一小时的时间里，我们会为他们做三场分别长达12分钟的演讲，分享那些来自科学家、艺术家和名人的新奇想法，以及音乐家或魔术师的表演，以此带给他们惊喜。我们的演讲者从科学教育家比尔·奈和两次格莱美奖得主拉泽尔（前身为Roots会员）到传奇建筑师比亚克·英格尔、音乐家雷吉娜·斯佩克托，以及众多奥运会奖牌得主和诺贝尔奖得主。演讲结束后，客人们可以相互交流，自由讨论任何事情。到2020年，我每月都在纽约、洛杉矶和旧金山举办三次这样的沙龙。我们将注意力放在以简单的结构力求做到慷慨、新颖、精心策划并且主题恰当、令人震撼上。这使得他们在参加完晚宴后还会继续与社群保持联系。

既然我们已经了解了如何相互建立联系，我想再花点时间看看我们应该关注哪些人。创建一份完整的潜在客人名单可能会带来巨大的工作量。为了使过程更易于实施，我们应用了所谓的普莱斯定律。物理学家德里克·普莱斯注意到，如果你查看所有发表在科学界的论文，其中有一半的论文是由相当于全体参与人数的平方根数量的人完成的。也就是说，如果一项科学论文有25位作者，其研究工作总量的一半是由其中的五位完成的。如果你想创建一个好莱坞娱乐社群，我们就看看这40万业内人士吧。我们取平方根，根据普莱斯定律，可能一半的工作是由其中大约 632 人完成的。这就是为什么我们到处看到的都是相同的演员、导演和制片人的名字。列一份 600 人的名单比 40 万人要容易多了。我不确定这个定律是否适用于所有行业，可能有很多你理想的联系对象没有被列入名单，但它确实可以让我们缩小你想要联系的人的范围。

无论你想和谁联系，都要尽量减少开支、减少物流，尤其是在起步阶段。同时，尽量接待那些支持你的人，他们会给你提供诚实、建设性的反馈。

无论你创建什么，确保至少满足以上这四个标准中的两个。寻找让人们可以付出的机会，同时也让那些付出的人获得有价值的回报；寻找打破常规的方法——让人们做一些他们以前从未尝试过的事情，或者采用成熟的模式，把它与新的尝试结合起来；精心选择参与者——谁领导、谁跟随、谁发言、谁倾听、谁教授、谁学习；为你的活动和体验制订计划，创造产生惊喜和震撼时刻的机会。最后一点：无论你创建的是什么，都要确保自己也能乐在其中。不要把自己看成组织者，把自己看成参与者。适用于他人的这四个要素也同样适用于你。你慷慨吗？你在学习或尝试新事物吗？你很高兴见到其他参与者吗？你对这次体验感到震撼和鼓舞吗？事实上，如果你自己不喜欢它，你就不会想继续做下去。

如果你现在还没有任何想法，不要担心。我们尚有足够的时间，下面还有很多事情要讲。

第八章

# 与社群和个人影响者建立联系

经常有人问我是否可以使用上一章中提到的用于全球影响者的相同策略来与社群领袖建立联系。简单地说，答案是肯定的——谁不想有一个慷慨、新颖、精心策划的体验呢？但针对全球影响者设计的联系策略旨在关注他们面对的社会压力；由于社群影响者承受的社会压力不同，采用与此不匹配的策略可能会影响我们想接触尽可能多的人的目标。从定义上来说，社群多于行业，因此我们需要一种在更大范围内发挥作用的方法。有趣的是，这种方法也有可能对我们最亲近的人产生最大的影响。因此，让我们先看看该如何与社群影响者联系上，然后才是如何与我们最关心的人建立联系。

## 社群影响者

一想到迪特里希·马特希茨曾经是一名到处跑的牙膏推销员就让人觉得有趣，尤其因为他也曾有过远大理想。

1984 年，他想将名为 Krating Daeng（泰文，意为红牛）的一款软饮料引入欧洲。于是，他把毕生的积蓄都赌在了新配方上，[1] 但人们对它的第一印象是：尝起来像"碳酸止咳糖浆"，甚至"有点像尿"。

即便在项目受到负面评价且经济损失超过 100 万美元之后，他也没有被吓倒。在他这种处境下，大多数企业家要么停止项目，要么专注于找名人代言来引起轰动，增加曝光率，即利用光环效应来促销。毕竟，当年早些时候，百事可乐以创纪录的 500 万美元签下了当时世界上最大牌的明星迈克尔·杰克逊作为他们的代言人。[2] 这是一个行之有效的成功方程式。不幸的是，迪特里希没有这么多钱，但他出色的营销能力弥补了其财务上的短板。

由于没有大规模营销推广的预算，公司化身游击战术的高手。其中一个招数是通过在夜总会浴室的地板上扔空罐来引起人们对该品牌的好奇。毕竟，如果你在浴室看到这些空罐，它肯定是违法或违反规定的，这使它显得神秘而令人兴奋。他们还与酒类品牌建立了合作关系，甚至利用了在一些国家越被禁售但人们越想得到这种饮料的心理。当万维网迅速普及时，他们在自己的网站上设置了一个小道消息板块来引发讨论，不过与我们最相关的是，通过这些去了解他们如何吸引到社群影响者的注意力。

1997 年，迪特里希终于准备好了将他的饮料带到美国。他与文化咨询和营销机构雅达星（Yadastar）的联合创始人，德国人梅尼·阿莫瑞和托尔斯滕·施密特成为合作伙伴。

他们的理念很简单：如果想创造真正的品牌忠诚度，你需要将其融入社群并提升其价值。尽管大多数品牌疯狂地在体育场、音乐会、广告牌等平台上做宣传，但雅达星认为，对于品牌来说，与社群会员建立深厚而持久的联系更为重要。表面上的赞助可能会从活动的光环中获得一些影响，甚至可以让你在舞台上占据一席之地。但人们早就看穿了这一点。它不会在社群和品牌之间建立起联系，也绝对不会让消费者感受到品牌的价值。

他们没去赞助音乐节，而是创办了一个小型音乐学院。那时，便利的网上申请表格还没有出现，人们纷纷提交手写的申请，寄送原创音乐 CD，以期获得为期两周的培训。第一年，他们就收到了来自三个国家的 300 份申请，他们从中只选了 60 名学生。这些人包括节拍制作人、唱片收藏家、爵士音乐家、节目司仪、工程师、音乐大师、创作歌手、唱片师等。白天，托尔斯滕和梅尼请来世界各地的音乐界制作人和创作者授课。在业余时间，他们鼓励学生们将灵感带入现场录音棚，一起创作新的音乐。

音乐学院从而一炮而红，多年来，随着学院声誉的提高，创作者的地位也随之提高，音乐界的传奇人物如埃里卡·巴杜、池田亮司、普沙特、沃纳·赫尔佐格、比约克、A\$AP 洛基、尼罗·罗杰斯和坂本龙一等来现场授课时都只领取微薄的酬金。作为毕业礼物，校友们会得到一件印有品牌标志的原创 T 恤。在当时，这是一家不搞金钱交易的公司，所以，拥有这件 T 恤是一种身份的象征：这意味着你已经赢得了荣誉。音乐家们在成千上万的人群面前表演，他们都以穿着这件 T 恤为豪。在接受媒体采访时，他们对品牌表示感谢，随着他们从拥有本地粉丝的社群影响者成长为行业领袖，他们之所以为该品牌代言，是因为音乐学院也帮助他们成长了。这就是为什么你现在对红牛这个品牌及其标识如此耳熟能详。

在 20 多年里，红牛音乐学院的申请者超过 8 万人，来自 120 个国家的 1000 多名学生在此接受了培训。作为音乐界受人尊敬的一员，红牛音乐学院发展成一个由在 60 多个国家举办的本地研讨会、讲座和一系列活动组成的生态系统。其中最引人注目的就是红牛音乐节，它在全球 19 个城市举办一系列为期一个月的广受好评的城市节日，以庆祝杰出的音乐创作、音乐文化及其背后的变革性思维。这些现场项目在各个著名的频道都做了深度的音乐报道，其中包括 24 小时全天候播放的红牛电台、长篇评论中心、播客、印刷出版物、书籍和电影等。

多年来，红牛做出了许多出色的营销举措，从以产品为导向的市场营销转变为对音乐社群的真正参与，使得红牛从含咖啡因的糖水变成美国最有价值的生活方式品牌之一，受到麦迪逊大道营销人员的羡慕。当大多数品牌都必须向媒体渠道付费才能接触到观众时，红牛品牌不但拥有这些渠道，还可以直接与理想客户联系。它拥有的令人难以置信的品牌关系和地位使其成为世界上最昂贵的液体之一，迪特里希本人每年销售的红牛饮料超过 75 亿罐。[3] 也就是说，地球上的每个人都喝过不止一罐。

用同样的剧本也成就了红牛 Flugtag 展（德语意思为"飞行展"或"航展"），而这一事件只能用"完全疯狂"来描述。在红牛飞行展期间，人们被邀请自行设计和制造一架人力飞行器，将其运送到现场，然后从码头发射出去，看看能飞多远。你可能会认为这就像是一个科学展览会，有一群工程师在竞争，但实际上它更具创意和荒谬性。广受欢迎的参赛作品包括一只巨大的橡皮鸭、一只抱着婴儿的鹳、一条巨大的河豚、一条星球大战 X 翼、一条带轮子的四足龙、来自电影"春天不是读书天"（Ferris Bueller's Day Off）的汽车（它像电影中那样倒着走）、一只带翅膀的巨型旱冰鞋、没有翅膀的纸板消防车，等等。这些装置都不是真正为飞行而设计的——它们大多直接落入水中，溅起巨大的水花，引来超过 20 万观众的热烈掌声。

那么，为什么雅达星和红牛能成功与社群及社群领袖建立起联系，而其他许多人却尴尬地失败了呢？

答案在于，前两者了解社群影响者的心态，比如被红牛音乐学院录取的那些崭露头角的艺术家们。彼时他们已经尝到了一些成功的滋味，但很可能尚不具备达到下一个水平的专业知识。在行业层面做运营对他们没有吸引力，但掌握技能或参与令人兴奋的项目通常会吸引他们。于是，红牛音乐学院为他们提供了四项重要资产：

1. **技能：** 提升能力（例如，展示、管理、团队合作，甚至是打碟和绘画等行业技能）。

2. **机会**：了解并能够申请或参与独特的项目或经验。这是证明自己、展示技能和能力以提高声誉的难得机会（例如，成为某著名美食评论栏目的厨师、为大牌明星开场的喜剧演员、被著名制作人听到的音乐家）。

3. **渠道**：能够面见行业领袖或参加精英聚会。

4. **资源**：人们需要的不仅仅是金钱；还可能是录音棚、专家、用品和材料或交通工具。

本质上，我们需要帮助他们腾飞（用技能、机会、渠道和资源支持他们），这正是托尔斯滕和梅尼通过红牛音乐学院所做的。他们提供了一个支持系统，帮助这些音乐家将他们的事业提升到一个新的高度。他们搞培训，做介绍，分享知识，提供录音棚，以及其他无数的事情。他们雇用这些音乐家在红牛音乐节上表演。他们在事业上扶持这些音乐家，不是通过赞助，而是通过与这些人在一起，了解其需求。以这样一种非常切实的方式，他们为人们的生活增添了价值。

2019 年，当红牛音乐学院宣布即将关闭时，红牛校友和媒体都对它的离去感到悲伤。音乐杂志《*The Quietus*》写道："尽管从它身上也投射出所有的复杂性，但红牛音乐学院创造了一些持久而深刻的个人价值，它对抗了声田软件（Spotify）、优视（YouTube）和其他公司所体现的非个性化的音乐和文化。"[4]

雅达星和红牛所创造的，确实非同凡响。大多数公司都不愿意投入时间来帮助其他人腾飞，他们所做的通常是，把这些提供给另一家公司以推广其品牌的赞助资金用在了与他们最关心的社群建立直接联系上。红牛没有在科切拉音乐节或电子舞曲音乐节上作为活动的赞助商将自己的名字贴在横幅上，而是真诚地进入音乐媒体行业，在全球范围内创建自己的音乐节和媒体机构。

需要着重指出的是，对于一家成熟的大型公司，与社群影响者发展关系需要投入更多的时间和精力。由于公司间通过赞助资金你来我往，所以要大规模地建立真诚的关系可能需要时间。另一方面，如果你是个人公司或小公司，由于没有那些先入为主的概念，因此展示你的真诚更容易做到，而你也不需要搞那么大规模的活动来影响品牌认知。

正如我前面提到的，这不是唯一有效的策略。社群影响者会被慷慨、新颖、精心策划和令人震撼的体验吸引，就像行业影响者一样，但反过来不一定如此。其困难之处在于，即使行业领导者正在寻找技能、机会、渠道和资源，他们的事业越深入，需求就越专业。如果你仅专注于一个行业，这可能会起作用，但我还没有看到它在各个行业都表现良好过。对行业影响者采用"神通广大"（SOAR）方法的另一个挑战是，他们通常可以雇到任何他们缺乏的人。如果他们缺乏技能或渠道，他们会聘请顾问、代理或新员工。不管你选择哪种策略，他们自身都有各自的优势。

你会注意到，许多组织都采用神通广大法，从吸引学生将职业提升到更高水平的 MBA 课程，到致力于帮客户达到更高健康水平的慧俪纤体健身项目。总之，做出的承诺都是只有参与才能获得你重新定义未来所需要的一切。如果这就是你想要使用的策略，那么你不必像红牛那样做重大投资。你可以从小型聚会开始，了解人们最需要什么。随着时间的推移，你可以创建出一种形式，你和其他参与者能够借此相互传授分享知识、邀请外部人员演讲，甚至可以开发一个类似克雷格列表（Craigslist，是一个网上大型免费分类广告网站）的在线平台。

## 个人影响者

如果说就施加影响来说对我们最具挑战性的群体是那些与我们最亲近的朋友和家人，你可能不会惊讶。当然，他们可能会接受我们就买哪部手机或去哪家餐馆提出的建议，但当我们建议他们多锻炼或戒烟时，他们往往会抵触我们提出的那些建议他们做出改变的有理有据的论点。我不是说你应该放弃他们，但你可能需要采取不同的方法。

在第一章中，我们了解了社交圈对人们行为的深刻影响。仅仅认识一个肥胖、抑郁、快乐、吸烟甚至以某种方式投票的人，就会增加我们具有这些特征的机会。行为和习惯具有传染性。因此，与其执着于说服对方接受我们的建议，不如考虑尝试使他们与那些具备你渴望他们拥有的技能或习惯的人联系。与其欺骗或操纵某人做某事，不如鼓励他们与有良好习惯的人建立友谊。如果某人是一位受人尊重、依照这些价值观生活的社群影响者，采用这个方法成功的可能性最大。不管怎么说，改变一个习惯、一种生活方式或一种思维模式是很难的。仅仅把你父亲介绍给一位叮嘱他要锻炼身体的医生是不够的。我认识的大多数医生们自己都做不到。这个人必须具有你所关心的价值或特征，并且能保持持续的联系。有了足够多的这些关系，你就可以创建一个带来积极影响的社群，而你影响变革的机会将大大增加。

到目前为止，我们重点探讨了如何建立信任，以及如何与我们尊敬和钦佩的人建立联系。现在是时候转入影响力方程式的第三部分：如何培养社群意识。通过让人们参与到一个联系紧密、充满活力的社群中，我们的关系会变得更加牢固，对每个人生活的提升将产生积极影响。我们希望超越单纯的联系，确保你们的关系随着时间的推移而发展，为此，我们需要了解哪些东西能让我们有归属感。

社群意识

# 第九章

# 培养真正的归属感

赋予人们社群意识。我们在第二章学到的对于长寿、幸福、健康的生活至关重要的那些特征，对于我们的事业成功、孩子养育、身心健康以及我们关心的其他事情也同样至关重要。不管你想和谁联系，是在一个由五到十人组成的亲密团体中，或是在一个有两千万人的全国性基层运动中，我们的目标都是与人们建立深厚而有意义的联系。参加健身课和感觉自己是健身社群的一员是有区别的。后者给人一种归属感。当你考虑自己关心什么以及想和谁联系时，我极力建议你确保自己关注的是自己真正重视的东西。你不会想和一群潜水员出去，最后只是发现你讨厌游泳。无论你是加入一个现有的社群成为其中的一个积极分子，还是在你周围发展新的社群，成为自己真正关心的事情的一部分将会对参与其中的每个人产生深远的、潜在的积极影响。

能够基于个人兴趣而建立联系并非易事。自有人类以来的大多数时候，我们的社群均是由地理距离来定义的。

如果你生活在两千年前的罗马，你不可能和目前尚生活在南美洲的人属于同一个社群，因为双方都不知道对方的存在，也没有可以让罗马人和玛雅人组成社群的平台或地点。只有在我们进入了一个交通和通信都高速快捷的时代后，我们才找到了志趣相似的人。随着时间的推移，我们发现，社群的发展超越了距离，进入以兴趣为主的时代，如专业团体（工会、行会、协会等）、业余爱好团体（业余无线电操作员、鸟类观察者等）、粉丝团体、宗教团体等。人们成为各种组织的会员，从美国女童子军、国家地理探险家到兄弟会和无人机竞赛联盟等。当我们成为社群的积极会员时，我们会体验到一种归属感，仿佛待在了应该待的地方。令人惊奇的是，由于技术进步，你甚至不需要人在地球上才能参与。接近地球轨道的宇航员可以登录类似红迪（Reddit）一类的网站去回答问题，从而与太空爱好者和业余火箭工程师社群联系。一百年前的人们绝对不可能像我们现在一样，从任何地方都可以找到本地成全球性的社群并与之进行联系。

我们想要培养和发展的正是这种归属感。这里有一个重要区别，后面还会讨论到。请注意，我写的不是"从属"，而是"归属感"。后者是我们用感受检验现实，我们也将始终根据自己的感受行事。这就是为什么人们不仅渴望融入社群，而且渴望有一种宾至如归的感觉。心理学家大卫·麦克米兰和大卫·查维斯将归属感描述为"会员们之间的一种感觉，即感到大家对于彼此和群体来说都很重要，也都相信他们的需求将通过共同努力得到满足"。[1]

正如我们所讨论的，这种归属感对生活的方方面面都有着深远的影响，对我们所关心的一切，其作用就像一种田园诗般的万能药方。例如，那些患乳腺癌的女性，如果她们身处庞大的朋友交际网，那么她们的存活率是那些朋友寥寥无几的女性的四倍。[2] 感到彼此相连的员工，其工作效率更高、身体更健康，他们的公司也更成功。社会性的运动往往比个人做的抗议具有更长久的影响。那么，是什么给了我们社群感呢？研究人员麦克米兰和查维斯在1986年对这一问题进行了研究。他们归纳了培养真正的归属感所必需的四个特征：[3]

1. **会员**：分内部会员和外部会员。

2. **影响**：社群对会员有影响，会员对社群也有影响。

3. **对需求的融合及满足**：会员和社群的需求是一致的，两者都获得价值感。

4. **共同的情感联系**：会员共同参与，共同经历。

为了理解这些特征为什么重要以及它们如何适用于我们，我们将访问南非、维基百科、美国监狱，以及我最喜欢的地方之一，属于极客的天堂：动漫展。

# 第十章

# 会员的特征

2003 年，南非国家橄榄球队（Springboks，俗称"跳羚队"）陷入了混乱。他们在橄榄球世界杯上的表现，温和一点说，令人尴尬。然而更糟糕的是，球队正处在橄榄球史上最大的丑闻之中。在 Kamp Staaldraad（南非荷兰语，意为营地铁丝网）事件中，[1] 选手们被带去体验"团队建设"，其中包括在避弹坑里赤身裸体被冰水浇身、在砾石中爬行、宰杀和烹调鸡（但却不吃它）。[2]

2004 年，杰克·怀特被任命为羚羊队新教练。与他之前的许多教练不同，怀特并不是从执教职业省级球队中走出来的；相反，他起初执教高中橄榄球队，后来担任 21 岁以下的国家队的助理教练。在他任上，球队赢得了 21 岁以下的橄榄球赛的世界杯。现在，作为国家队的教练，他和大男孩们一起玩球，我是说，那可是些大块头们。而担任队长的约翰·斯密特，身高 1.87 米，体重 121 公斤，还算不上球队里最大个的。

怀特只有几年时间为 2007 年世界杯做准备，但他制订了一个简单的计划。首先，他瞄准那些他认为能够带领跳羚队取得胜利的球员，以他们为核心重建球队。其次，对于一支职业运动队来说，他做了一个非常不寻常的举动，即告诉主要球员，他们无须担心短期的比赛结果，他们在球队的位置是不会动摇的。最后，他向队员们灌输能够而且肯定会赢得2007年世界杯的绝对信念。怀特全力以赴地为夺回奖杯做准备并训练着球队。

在接受采访时，团队伙伴们介绍说，怀特最大的才能是招募和雇用与他个性互补的人。无论怀特的强项和弱项是什么，他的助理教练和队长都能各尽其责。因此，跳羚队文化可以被描述为创建兄弟情谊。这是一支跨种族团队，当时种族隔离结束尚不到20年，怀特、助理教练和队长斯密特尽力确保每个人都是团队的一分子。在许多团队最终会根据省份、政治、种族等划分阵营时，跳羚队没有分裂。怀特挑选了他的核心团队，他信任并支持队员们，无论发生什么，他都在媒体面前保护他们。这给了队员们安全感和归属感。作为回报，他们作为一个团队战斗，结果立竿见影。一开始他们就在连续四场比赛中获胜，并最终在2004年的三国系列赛中取得了惊人的意想不到的胜利（这是自1998年以来的首次胜利）。这种令人难以置信的逆转让他们赢得了世界橄榄球委员会年度最佳球队奖。

第二年，即2005年，跳羚队全力回归，但在积分上输掉了三国系列赛。接下来的一年，2006年，是动荡的一年。在九场比赛的赛季中，他们遭遇连续五场（总共六场）失利。队员们经历了无数次的受伤、手术，甚至有人颈部骨折。毕竟，橄榄球不是弱者的运动。尽管批评人士抨击怀特坚持依赖核心团队的决定，但他从未失去对球员的信心，仍继续任用他们。请感受一下怀特对他的球员的忠诚度吧：跳羚队是在1992年（种族隔离结束后）重新进入国际橄榄球赛的。在我写这本书的时候，南非总共只有六名球员获得过百夫长（参加过100场以上比赛，这里指橄榄球比赛）身份，其中五名球员就来自怀特的核心团队。怀特对他的核心团队非常忠诚，他不理会那些批评，不看短期结果，仍然任用他们参加比赛，[3] 尽管大家通常的做法是用更年轻、更健壮、速度更快的球员替换年龄较大和受伤的球员。

从担任教练的第一天起，怀特就一直在为球队要面临的2007年的比赛做准备。这一年，不仅有另一个三国系列赛，还有橄榄球世界杯。他们在三国系列赛开始时表现强劲，但核心团队却受伤严重，精疲力竭。南非橄榄球联盟发布了一份医疗报告，称他们"不能在世界杯之前拿剩下的明星球员冒险"。[4] 由于没有明星球员参赛，跳羚队只排在最后一名。

不管评论人士怎么说，怀特都坚持自己的优先选择。下一年还会有另外一个三国系列赛，但世界杯赛每四年才举办一次，而南非必须证明自己的实力。怀特的工作是保护他的孩子们，确保他们不仅要比赛，还要赢，还要保持身体健康。随着媒体对他的贬低和批评，这个问题也变得咄咄逼人起来：怀特对斯密特队长和核心团队的信任能被证明是正确的吗？

2007 年，橄榄球世界杯比赛吸引了 20 支国际球队到法国参赛。跳羚队轻松搞定了初赛，在四分之一决赛中与斐济队对决。不幸的是，比赛并不像跳羚队球员贾克·福瑞对媒体讲的那样容易。在比赛还剩 15 分钟时，比分拉平，斐济队仍在奋力拼搏。斯密特把队员召集在一起，提醒他们要在比赛中保持冷静，否则就会被淘汰。于是，球队重新振作起来并一路领先，最终以 37：20 的比分获胜，⁵这就使得他们有机会在半决赛中击败阿根廷队。

2007 年 10 月 20 日，跳羚队上场与英格兰队对阵。气氛极为紧张，因为怀特和他的教练们已为建立这种兄弟情谊付出了一切。但是，用这个团队正确吗？还是说，应该选择年轻的球星，尽管他们彼此不太熟悉？他的批评者们认为这场比赛要么证明怀特应受强烈的批评，要么证明球队是南非的英雄。

两支球队都寸土必争，但最终，跳羚队得分并取得领先优势。比赛结束时，跳羚队成了 2007 年橄榄球世界杯赛的冠军。约翰·斯密特对那一胜利时刻印象最深的不是尖叫和欢呼声，而是大大松了一口气。就在一年前，他们已经连续输了五场比赛，所有人都认为他和大部分核心团队球员应该被替换，但怀特对此甚至连想都没想过。他继续信任他的团队。最终，怀特向评论人士和球迷证明了自己，并作为橄榄球史上最有为的教练之一凯旋。

想想吧，数年前，跳羚队还在国际上处境尴尬，那么，是什么让他们成了一支世界杯冠军球队呢？

在我与跳羚队的一些合作伙伴交谈时，他们指出，怀特具有巧妙地营造社群意识的能力。怀特本人可能并非与每个球员都很亲近，但他的教练和队长斯密特知道如何让球员们结为兄弟，让他们有一种社群感。

正如我在前一章中提到的，社群意识有四个特征，会员排在第一位。会员即意味着归属的权利，它让你感觉自己在社群中受到欢迎，就像在自己家里一样。这就将会员与非会员区分开来。跳羚队的领导层达成了这个目标，不仅仅因为他们坚持任用核心团队，而且也因为他们在球员之间形成了一种兄弟情谊。

会员有五个特征：边界、情绪上的安全感、归属感和认同感、个人投入以及共同的标志体系。

## 边　界

为了让人感觉自己属于一个群体，必须做到内外有别。比如，有些社群要求穿会员制服（如女童子军、运动队、军队），有些社群需要登录网站（如红迪、维基百科、脸书），还有其他一些社群（读书俱乐部、酗酒者匿名协会、聚会）只需要你在场即可。如果没有边界，你就无法感受到社群意识，因为没有明确的识别特征将人们联系在一起。怀特的边界远不止于制服和在场；他非常忠诚于他的核心团队，年复一年地让球员打球，而不管结果如何。你可以用简单的方法创建边界。如：仅仅给一项活动命名就有了一个区别于其他活动的边界。我主持的不是晚餐俱乐部；我主持的是影响者晚宴，现在，我拥有很多会员，他们也可被称为晚宴校友。要注意的是，如果我们是在不健康的竞争或极大恐惧的情况下推动边界的，很可能会产生负面结果。不同球队的球迷之间因相互对立而发生冲突或群体暴力的事件并非闻所未闻。你要确保你的边界有助于健康的互动，并能为社群树立良好的声誉。

## 情绪上的安全感

如果受到威胁，或担心自己的意见格格不入，人们就不会有归属感。正如我们在第四章中所看到的，勇于示弱是任何群体、社群或团队都需要的关键因素。如果会员不能安全地表达自己的担忧、提出建议或反对意见，社群或团队就很有可能会失败。怀特就明确表示，他将保护他的球员们，不会以短期结果来评判他们。用斯密特队长自己的话来说，在世界杯的前一年他就该被替换了。想象一下，你愿意为这样保护你的领导者走多远。当接待或召集人们时，你做些什么能让他们感到安全和受欢迎？你会亲自问候每位与会者吗？你是把所有新参与者作为一个团体会员来迎接，还是找个人接待他们，教他们如何做？做这些并不需要很复杂。我们发送的电子邮件中就包含了所有常见的问题，以确保新参与者能清楚了解一切，知晓礼仪。这是我们发出的无数个小信号之一，以确认他们知道自己是受欢迎的，可以问我们任何问题。

## 归属感和认同感

这种感觉就是，你是团队的一部分，你视自己为其中一员。"我有时去教堂"和"我是教堂的一员"是不同的，说你自己在一家公司工作和把公司称为"我们的"是有区别的。在前一种情况下，你是一个来访的局外人，而在后一种情况下，团体是你自我认同的一种方式。跳羚队领导层创建了一种让球员同属一个团队的文化。在团队中没有阵营之分，每个人都感觉到自己同样受欢迎和被接纳。这里给大家一个基本的归属期待。在有些公司的文化中，法务部和营销部对着干，生产部出问题，等等，然而只有当各个部门各个职位的人都相互联系时，才会产生一种真正的归属感。如果你想让人们产生自我认同，你可能需要定义一个术语。在戒酒协会社群，会员自我认同为"我是比尔的朋友"，比尔即戒酒协会的创始人之一。由于我们不想鼓励或引发影响者晚宴上来客的不良行为（酗酒），我们可能会悄悄地问他："你是比尔的朋友吗？"这样做既恭敬又谨慎，我们从而也就知道了不能给某些人提供饮品。

## 个人投入

我们已经多次讨论过这一原则：当一个人付出努力（本·富兰克林效应或宜家效应）时，他们会更愿意付出关心，也会感受到更深的联系。第四章中讲到的姐妹会新会员就在联谊会的那个锻炼周投入了巨大的努力。跳羚队在球场上为他们的国家而战。我鼓励人们付出努力并相互支持。这将使他们感觉与团体的联系更紧密，从而产生更强的会员感。

## 共同的标志体系

医生们使用共通的医学语言进行交流。各种类型的社群都存在内部交流体系，从兄弟会的秘密握手到在线社群的文字和符号，以及你和朋友之间的私人玩笑。任何一个团体如经历过像跳羚队那样的多年训练都会形成团体内部共有的词汇、简称和玩笑文化。除此之外还有代表团队的实际标志，如女生联谊会有希腊字母、公司有图标、国家有国旗，等等。当你发展自己的团体或社群时，你可能要制作一个图标或标志。

所有这些会员提示都在告诉你："你属于这里。你是安全的。欢迎回家。"一旦会员身在其中，我们不仅希望他们有机会受到社群的影响，而且还能以积极的方式影响社群的发展。

# 第十一章

# 双向流动的影响

████ ██

  围绕认同（或同一性）这个词曾经发生过一次争论。开始时，人们就对其首个字母应该是采用大写如"I"还是小写如"i"展开了激烈争论。[1] 各方都为自己的观点给出了复杂的细节和理由。争论中大家有时恭敬亲切，有时则会变得孩子气。各方的哲学和学术论点都让苏格拉底本人时而骄傲时而失望，但人们仍充满激情地争论着，因为这对他们来说很重要，代表了他们对世界的关心。当尘埃落定，他们用两个月的时间和 4 万多字才得出一个让所有人都满意的结论。[2]

  在介绍电影《星际迷航：进入黑暗》的维基百科页面上，其英语名称是这么写的："Star Trek into Darkness"，而人们通常写为"Star Trek Into Darkness"。

  你可能根本没注意到这些，因为两种写法差异是如此微妙，坦率地说，它对任何人也都无关紧要，但人们对 into 应该以大写字母还是小写字母开头展开了争论。是的，你没看错。几乎用了等同于 F. 斯科特·菲茨杰拉德的经典小说《了不起的盖茨比》（47094 字）和道格拉斯·亚当斯的《银河系漫游指南》（46333 字）的写作字数，[3] 人们在电影参考网站上就这部电影的某个单词的首字母应该大写还是小写展开了同样热烈和引人入胜的争论。

直说吧，我就是一个科幻迷，我喜欢《星际迷航》。事实上，我喜欢其整个系列，我喜欢人们花几个小时做这样的争论，尽管我本人不会花时间去争论，但互联网的这个角落是那些真正关心这个问题的人们的家，我很高兴他们找到了这个家，找到了彼此。

该页面最终更新为 "Star Trek Into Darkness"，可能是因为某个匿名用户发了一则"读一下这该死的官方网站吧，你们这些自命不凡的白痴！"的帖文。

我喜欢这个故事，因为它表明，我们几乎可以找到能关注任何一个主题的社群。就维基条目展开争论的人们表明他们至少可能对两件事充满了热情：

1. **维基百科的准确性**：考虑到有如此多的人在该网站寻求答案，这一点非常重要。

2. **《星际迷航》**：考虑到我有多喜欢这部剧，这也与上一条同样重要。好吧，也许不是同样重要的，但因我是在写这本书的人，所以我们可以就"非常重要"达成一致吗？

这些辩论反映了社群意识的第二个特征：影响力的重要性。正如我在第一章中提到的，影响力是对结果或个人产生影响的能力。要让人们有社群意识，重点在于他们既能为社群做贡献，也能受到社群的影响。影响必须是双向的。

如果你没有做出贡献的能力，你就没有影响力，关系就只能朝一个方向流动。单向关系不是社群；它是观众、粉丝或追随者。这是与拥有大量社交媒体粉丝的人或基本上只是单向影响的媒介渠道如编织者兴趣小组或家长教师协会的不同之处。在维基百科页面上，认为某个问题很重要的人们都在贡献他们的观点，这些观点达到四万字之多。当他们在这个社群内互动时，他们也接触到其他人的观点，并也希望借此扩展他们自己的思维。影响就是这样双向流动的。

虽然我举的这个例子听起来有些荒谬，但如果我们够诚实，我们所有人都有自己的兴趣，即便只有我们自己或少数人对此感兴趣。上面这个例子与此唯一的区别是，这个兴趣也是属于公众的，而且范围很大。

在大多数情况下，人们的影响力是更为微妙的，比如与同事交谈、在教会中心做志愿者工作、辅导学生或分享想法带来的影响力。这些行为不需要太夸张；他们只需要呈现一种给予和接受即可。

# 第十二章

## 需求的融合和满足

离科斯·马尔特找医生看病已经过去一年多了。那天，他进入候诊区，坐在一位 70 岁出头的男子旁边。身体检查完毕后，医生让他坐下来，说了一番让他不舒服的话。是不健康的饮食和缺乏锻炼最终让他尝到了苦果。身高 1.7 米、体重 104 公斤的科斯属于病态性肥胖。如果他不立即开始关注身体健康，他有可能在五年内死去。医生指着候诊区的那位 70 岁的老人说："你现在才 24 岁，但如果你不照顾好自己，那位老先生有可能活得比你还要久。"

很不幸，科斯的职业生涯完全没有给他带来健康的生活方式。科斯成长于 20 世纪 80 年代中产阶级化之前的曼哈顿下东区。他的母亲是来自多米尼加的移民，在一家血汗工厂工作，收入几乎支付不起食物和房租的开支。所以，科斯养成了忙碌的习惯。他靠收集易拉罐换钱，为了几美元洗车、跑腿。他是一个天生的企业家，擅长推销，特别是销售你可以称之为"药品"的那种商品。13 岁时，他开始经营大麻，然后逐渐升级为可卡因和快克。[①] 在很短的时间内，他就有了一份每天 24 小时都在运转的生意。21 世纪初，随着社群的中产阶级化，他的客户包括了医生、律师和法官，送货业务遍及三个州。19 岁时，他的生意额超过 500 万美元，年收入 200 万美元。他有非常多的客户，需要七部手机来存储客户的电话号码（当时的手机最多可存 1500 个联系人）。他整天吃喝在车上，忙着挣钱。毫不奇怪，他体重会严重超标。

23 岁时，他被缉毒局逮捕，生意受到了打击。他被指控为毒枭一点都不令人奇怪，因为他每年运送的可卡因超过 50 公斤。科斯因此被判有罪，判处七年监禁。入狱一年后，他终于能够去看医生了，却发现自己可能年纪轻轻就要死掉。

他迫不及待地想要做出改变。每天，在院子里放风的两个小时，他会绕圈走路。第一天，他只能走很短的一段路，但几周后，他能慢跑一些了。一个月后，他减掉了 5.5 公斤，一位名叫伯斯（1.65 米、140 公斤）的狱友来向他求助。伯斯被诊断出糖尿病，除非他能改变自己的生活习惯，否则几年后就会患上冠状动脉疾病。科斯开始每天和伯斯一起训练，随着他们体重的下降，越来越多的狱友也加入了他们的行列。在几个月内，科斯的体重就减到了健

---

① 一种通过将粉末状可卡因溶解在水和氨水或小苏打中的混合物产生的固体物质。——译者注

康的 72 公斤，参加训练小组的 20 多人总共减掉了 450 多公斤的体重。训练小组的兄弟情谊令人难以置信。作为社群健身训练成功的见证，伯斯参加了上州监狱举重比赛，挺举超过 270 公斤，获得了第一名。

由于表现良好，科斯被允许参加一个为期六个月的特殊囚犯改造计划。如果他能坚持下来，他将提前三年回家。在即将到来的命运转折点上，在离释放还有两个月的时候，该计划使他有机会去看牙医。当他走进去时，一名警卫要对他搜身。警卫用武力将科斯推到墙上，导致他摔倒在地。当他站起来面对警卫时，警卫发出了警报。又有六名保安冲了进来，把科斯打倒在地。他被指控袭击未遂，被送去单独监禁。

独自一人在"盒子"里时，科斯来回踱步，知道这件事的发生意味着他将不得不服完原判决剩下的三年半刑期。绝望中，科斯写了一封信，想从自己的角度解释此事，却发现他根本没有邮票。他单独监禁时的唯一财产是姐姐送给他的《圣经》。他沮丧地躺在那里，试图想出下一步该怎么办。令他惊讶的是，这时候他姐姐来了一封信，建议他读《圣经》中的一个段落。

科斯并不信教。他有一本《圣经》的唯一原因是警卫不能把它搜走，他可以在上面做笔记。出于无聊，他打开了《圣经》，读了姐姐提到的那一段，然后出现了"科斯奇迹"：一枚邮票掉了下来。于是，科斯把这看作要他从头至尾阅读《圣经》的信号。在他读《圣经》的时候，他开始想起所有他伤害过的人和因他而成为瘾君子的家庭。他必须改正，但他不知道该怎么做。他现在是重罪犯，被单独监禁。即使真的出狱了，也很可能没有人会雇用他。更糟糕的是，他只知道两件事：如何贩卖毒品，以及如何与其他犯人一起锻炼。也就在那时，他意识到他可以改变自己的生活，成为世界上的一股积极力量。

日复一日，科斯独自坐在那里研究康博迪（ConBody），这是一项健身项目，以他在院子里训练狱友的类似方式训练人们。他不仅要让人们健身，而且要让他们了解监狱系统的不公平。他打算只雇用那些曾经被监禁的人担任教练，以帮助他们找到稳定的工作。这个想法很棒，但他不确定自己的未来会怎样。

科斯被开出一个条件：只要他接受袭击未遂的指控，他便可以重新加入改造计划，但必须重新开始。他不需要再服刑三年半了，只需再服刑六个多月即可。尽管他觉得这是不公平的，但他接受了，因为他知道这是出狱的最快方法。最终，科斯以模范囚犯的身份度过了刑期，六个月后，他睡在了母亲家的沙发上，每天和愿意倾听他的陌生人聊天，邀请他们和他一起在公园里一天锻炼两次。随着他的康博迪计划逐渐有了追随者，他接管了一家舞蹈工作室，并雇用了一名来自健身小组的有前科的人。当康博迪的规模超过舞蹈工作室承受力时，科斯开设了专门的健身房，并雇用了更多的教练。最终，万豪酒店（Marriott）和萨克斯第五大道（Saks Fifth Avenue）等品牌都开始找他，要他在酒店和百货公司开设康博迪健身室。

自成立以来，康博迪项目已经训练了数千人，既帮助了他们健身，同时也让他们对监狱系统中的社会正义问题和重罪犯所遭受的歧视问题有所了解。康博迪公司告诉人们，某人被判有罪并不意味着他们不能再为社会做贡献。截至本书撰写之时，科斯已经雇用了 42 名曾经被监禁的重罪犯，没有一人再次犯罪。这是一项了不起的成就，因为美国监狱系统的累犯率是 44%，而对于某类犯罪，这一比例几乎达到 80%。这使康博迪成为美国历史上最有效的假释工作项目之一。

自始至终，科斯都在创造真正的社群意识，最初是与院子里的狱友们，现在是与参与康博迪健身的教练和客户。其社群之所以繁荣，是因为它将价值观与目标和需求结合了起来。人们积极参与是因为这个组织所代表的正是他们所关心的东西。

被接收为精锐部队、学术项目、兄弟会/姐妹会或是公司董事会的会员将带来很高的地位。成为康博迪教练说明你已经改变了自己的生活，你对远离监狱是认真的。参与的层级也不需要太宏大。女童子军会员算不上精英，但它确实代表着你想要成长和发展。相比之下，无论你创建什么，它都可以代表你所看重的兴趣、人际联系、教育、环境保护或其他任何方面。

社群可以提供展示能力的机会。我们不会向未通过律师考试的人寻求法律帮助，也不会在未通过卫生检查的餐厅用餐。同样，如果你是康博迪教练，我会认为你可靠、专业、擅于交往。这些素质对于创建专业组织非常重要。

社群的力量源自使会员受益的共同价值观。专业团体促进和保护事业，体育团体热爱运动，宗教团体有共同的精神信仰。无论从哪个角度看，社群的价值观都与其会员保持一致。在科斯的案例中，无论他是在监狱院子里还是在健身房训练，或是与假释的犯人一起工作，很明显，所有人都是为了完成一件事：证明今天可以比以前更好。当你发展人际关系和社群意识时，让人们理解你代表的价值是很重要的。一场社会运动、一种企业文化和一个运动团体各有截然不同的目标。在任何情况下，只要价值观明确，很容易就能知道谁应该成为会员，以此确保他们的参与是愉快的。

归根结底，身处社群就意味着要踏上一段共同的旅程。如果目标不同，我们会身处不同的旅程；如果价值观不同，我们就永远无法达成一致。这就是为什么强大的社群必须具有共同的价值观，能满足会员们的需求。

# 第十三章
# 共同的情感联系

当盖勒布·沙姆斯大学毕业获得经济学学位时，他面临着两个问题：他不太确定这个学位有什么用，也不知道自己这辈子要干什么。好消息是，学位证书最终在他儿时的卧室里找到了安身之所，挂在了巨幅绿巨人海报和蜘蛛侠海报之间。坏消息是，他也一直还住在那个卧室里。在第二个问题（这辈子要干什么）解决之前，他都要住在父母家里。为了感谢他们，他在自家经营的漫画书店里帮忙。那一年是1990年，成为一个漫画迷在当时还不算什么很酷的事。当时，只有极客和书呆子知道复仇者是谁，或者曾经听说过漫威，但所有这一切都将因这个住在纽约郊区父母家里的失业、安静、怪异的孩子而改变。

在书店上班的第一周，盖勒布发现顾客们总在询问下一期漫画何时发行，旧漫画值多少钱。这让他产生了一个想法。他在新的 Macintosh 电脑上安装了简单的出版软件，创建了一份关于漫画行业的每周通讯，提供漫画爱好者情报信息和价格。他的小副业很快便大受欢迎，在接下来的几个月里，他计划着为像他这样的粉丝创办一本漫画杂志。1991 年 7 月，年仅 22 岁的盖勒布就成为《巫师：漫画指南》杂志的出版商。这本杂志人气急速飙升。第一次，遍布世界各地的粉丝们能够了解他们最喜爱的艺术家和作者，掌握潮流动向，听到有关玩具、电影、卡通和他们痴迷的电视节目的消息。在杂志的后半部分，他和他的成长团队附送了一个价格指南，以便收藏家们最终找到他们收藏的每一部漫画的价值。

盖勒布为漫画迷创建了一个核心枢纽，杂志订阅量达数十万份。记住，这可是在互联网出现之前，订阅即意味着人们必须为每年让人将杂志送到家门口而付费。你可能会认为，在尚无互联网社群的时候，漫画大会是粉丝们聚集的地方，但漫画大会上大多是脊背有问题的漫画书商在兜售玩具和纪念品，还有一些艺术家在搞封面签名活动。如果幸运的话，最大型的漫画大会也仅能吸引数千人参加，而每人需为此支付 10 美元入场费，这与我们已经习惯的充斥大量名人的营销和角色扮演活动完全不同。

1995 年，盖勒布决定"尝试一些疯狂的事情"。他想为热爱漫画世界的人们举办一场盛大的派对。和 22 岁时出版杂志的大胆举动一样，如今"聪明多了"的这位 27 岁的年轻人决定买下旧的芝加哥动漫展（Chicago Comicon）并对其加以改造。在角色扮演出现之前是化装舞会时代，这就是一场经典的化装舞会，那些穿着华丽服装的人物将出现在下一期《巫师：漫画指南》里。全世界数百万人都会看到这些文章和图片，虽然"角色扮演"一词在当时几乎还没出现过，但突然之间，它变成了一种合情合理的创意形式。[1]

在过去的十多年中，他们不断创新，找到了更多方式来包容种类繁多的粉丝群体及其兴趣。由于这本杂志，盖勒布及其团队与玩具制造商、视频游戏制作人、电影工作室和生意人建立了联系。突然间，他把世界融为了一体，创造了娱乐业的魅力和高产值。他们创建了专业的与名人拍照、会面及互动活动、激活视频游戏、电影宣传和营销宣传活动。随着每一次创新，更大的群体出现了，更多的社群之间建立起了联系。随着时间的推移，他们将活动扩展到超过 16 个城市，社群遍地开花。与此同时，该杂志为粉丝们提供了全年的访问权限，将他们的体验从年度活动扩展到他们参与其中的文化。

到了 20 世纪 90 年代末，漫画产业陷入衰退。漫威被迫申请破产保护，2000 年，该公司聘请了一位新总裁来扭转局面。在新总裁就任之前，他打电话给盖勒布，讨论漫威的未来。这个行业的大多数人都是坐在办公室里写作、绘画或做管理工作，然而盖勒布有着独特的视角。他不仅与所有相关行业的人建立了联系，而且每天都通过会议和杂志与粉丝社群接触，很了解其附属文化的错综复杂性。

盖勒布开玩笑说，经过多年的创作，漫画故事中的人物已经老了很多，以至于下一期《蜘蛛侠》的内容将是"彼得·帕克 vs. 前列腺检查"。事实上，漫威的许多人物已经不再有现实感，与社会脱节了。如果想吸引新粉丝，他们需要重新设计，盖勒布建议从《蜘蛛侠》开始。

毫不奇怪，一个来自纽约的害羞、干瘦的书呆子会说，我们需要的英雄不是像蝙蝠侠那样的亿万富翁，也不是像绿巨人那样肌肉发达的巨人，而是来自纽约的一个笨拙、受欺负的书呆子，他和家人住在一起，只想融入社群。世界也比以往任何时候都更需要蜘蛛侠。

漫威新任总裁看到了与新一代年轻观众建立联系的机会，因此引入团队以重振这位爬壁英雄。不久之后，他们推出了《终极蜘蛛侠》漫画书，这是有史以来最畅销的系列之一。两年里，这部由托比·马奎尔担纲主演的更年轻、更现代版的《蜘蛛侠》在全球各大影院上映，斩获高达 8.21 亿美元的全球票房收入，简直令人难以置信。

近二十年来，盖勒布和他的团队不仅将人们聚拢过来，还将整个行业聚集在了一起。他们重新定义了电影、电视、游戏、流行文化、创意自我表达和营销的世界。他们为世界上最大、最活跃的社群文化之一奠定了基础。像我这样的极客有机会成长的唯一原因是：盖勒布·沙姆斯创造了一个欢迎我的地方。如今，来自漫画、科幻、超级英雄和奇幻等各个领域的角色扮演者、收藏家、超级粉丝、极客和书呆子们，有了一个共同的家。在漫画大会和网络上，我们能看到《神秘博士》（*Whovians*）、《漫威》（*True Believers*）、《星球大战》（*Warsies*）、《星际之门》（*Gaters*）

和《吸血鬼杀手》（*Buffistas*）的粉丝们和《我的小马》（*Bronies/Pegasisters*）、《权力游戏》（*Free Folk or Thrones*）、《瑞克和莫蒂》（*Schwifties*）、《星际迷航》（*Trekkies*）的粉丝们一起交流，还有其他无数的亚文化现象。人们汇聚一堂，盛装打扮，相互交流所好，并且共有一个他们称之为家的地方。他们不再孤立地各自观看节目、阅读故事或玩游戏，为此，我们对盖勒布以及与他一起工作过的所有人都感激不尽。

注意，漫画粉丝并非盖勒布的发明，甚至在他出生之前，粉丝们就已经存在了。他只是给了大家一个聚在一起、自由表达见解的地方。在这里，这些亚文化下的会员们有共同的情感联系。如果你是一个漫画杂志、电视剧或故事片的粉丝，你也会认同有关它的神话和历史。《星球大战》的所有粉丝都知道原力、达斯·维德和卢克天行者，《蜘蛛侠》的所有粉丝都知道彼得·帕克深深懊悔于没能阻止杀害本叔叔的罪犯，以及极大的权利会带来巨大的责任。当然，《哈利·波特》所有的粉丝也都知道伏地魔。《巫师》杂志和盖勒布的动漫展为所有这些粉丝提供了一个可以围绕自己喜爱的历史和神话进行交流的地方。

请记住，当漫威走下坡路的时候，重振的《蜘蛛侠》让年轻的漫画迷有机会参与到共同的历史和神话中去。而说到票房，买票看电影的人就更多了。至于漫威大片，我想你很难遇到一个不知道《复仇者联盟》的孩子或成年人。

不管你所在的是分享精神历史的宗教社群、分享历史挑战的政治社群或是分享奇妙有趣的神话的奇幻社群，它们都有助于将那些对其认同的人联系起来。你的社群所共享的历史是真实的还是虚构的并不重要，重要的是这里有你热爱的东西，它让人们围绕它走到了一起。它可能是你读了一篇关于徒步的文章，从而激发你去组建一个步行小组；也可能是你和你的朋友认为朱莉娅·查尔德是最棒的厨师，于是你举办了一次聚餐来享受她推荐的美食。不管是什么，它都是你们共同的旅程。

很有可能，在世界各地和你的邻居中也有人关心你所感兴趣的东西，或者，当他们知道了你感兴趣的东西以后，他们开始关心你。社群的美妙之处在于：人们都本能地去寻找相互联系的方式。我们只需要提供一个聚会的场所。它可以简单到每月在咖啡馆吃一次早餐，在脸书或红迪上建立一个小组，或者邀请一些朋友去打篮球。

了解了盖勒布、科斯和羚羊队所取得的成功后，你可能会感到无所适从。你可能会想：我该怎么做呢？对于起步者来说，上面的人们取得的成就经历了几十年的过程，随着时间的推移，种种微小的进步加在一起产生了令人难以置信的结果。而且，更重要的是，我们大多数人并不想像盖勒布那样去与数百万人接触。在大多数情况下，一个亲密的社群、一种公司文化或一场定期举行的聚会是比较理想的。对于相对内向者，小型的、个人化的联系体验就是完美的。所以，为把对你最重要的人聚集在一起，让我们关注下一步需要做什么吧。这不仅能帮助你创造、建立和推广任何对你来说重要的东西，还能为人们提供一种社群意识，给他们的生活带来意想不到的美好结果。

在本书的开头，我向读者们保证过，我会分享被证明与你敬佩和尊重的人建立真正的关系行之有效的方法，以及在这个过程中，你不仅会实现对你来说重要的事情，每个人的生活也将得到改善。在本书的第一部分，我们认识了有意义的关系对我们的健康、幸福、职业生涯、公司和事业产生的难以置信的影响。我们还分析了那个也许对个人生活来说最重要的方程式，说它重要并非因为你可以用它做什么计算，而是因为，影响力方程式让你懂得如何给自己的生活和所关心的人带来影响。

$$影响力 = (联系 \times 信任)^{社群意识}$$

现在，你知道如何与人联系、快速建立信任，以及培养真正的社群意识了。坦率地说，大多数书写到这里就结束了。作者会说：既然你了解了这些原则，那么就去实践吧。不幸的是，理解这些原则和运用它们完全是两回事。珍·尼迪奇知道她需要少吃东西来减肥，但直到她有了一个支持体系，她才真正做到了保持体重。同样，为了成功建立起对我们有意义的联系，我们需要学习如何应用这些原则。

本书的第二部分和第三部分是关于理解人类行为的，包括我们所有奇妙的非理性行为，同时也会分享该如何完成我们一直在谈论的以上所有事情。因此，准备好去倾听那些有趣的故事、令人惊奇的科学，以及将影响力方程式带入生活的方法吧，因为，我们的下一站是地球上最快乐的地方。

第二部分

# 路径……回归

## ——如何运用影响力方程

第十四章

# 什么是路径，它将如何改变你的生活？

当我与个人和组织就培养关系进行合作时，被问到的最常见的问题之一是：客人们对这个活动会做何反应？他们可能还会问我，他们想见的某个特定的人物是否会接受他们的邀请，或者想与他们建立联系。他们希望我能利用自己在行为科学方面的经验和知识去预测一个人的行为。确实，如果能做出这些预测，他们会有一些慰藉感，而且，如果能习得这种方法，他们也就明白了与人建立联系的完美方法。谷歌公司就是一个在预测行为方面做得很好的例子。近年来，得益于其追踪到的用户的大量数据，谷歌在预测流感趋势（准确率高达 97%）、医院患者的寿命（超过90%），[1] 当然，还有人们要输入的文字内容方面都取得了令人难以置信的成功。如果说目前有某个信息源能做到预测一个人的行为，那就是谷歌。所以，现在我向你提出一个伦理问题：当发现关于暴力内容的搜索有所增加时，谷歌在道义上是否有义务通知警方呢？如果他们忽略了这一点，这算是他们的疏漏吗？

如果曾有哪个人的搜索历史应该引起当局的关注，那就是杰夫·戴维斯。最初，他的搜索是符合标准的：位置、方向、轶闻趣事。但在 2004 年左右，这些搜索转向了有关谋杀、虐待动物、祭祀仪式和连环杀手的内容。年复一年，他对这些内容的搜索越来越多，但当局从未出现在他家门口去调查问询有关问题，结果，截至 2020 年 2 月，有数百名无辜者丧生。嗯，这种说法，即数百个无辜的人在这期间死亡，有点误导性。如果你只看杰夫的谷歌搜索历史，你会认为他是一个疯狂的杀手。实际上，他是一位非常成功的电视制片人和作家，创作了《少年狼》和《犯罪心理》等热门电视剧。

杰夫这个人与他搜索的内容完全不相关。他很乐于助人，他为演员提供好的机会，也与他的写作团队一起主持公共锻炼节目，这些都让他声名鹊起。那为何我们对杰夫所做的预测与其真实情况相去甚远呢？答案就在杰夫制作的节目中。

虽然《犯罪心理》是一部虚构的电视剧，但它来自美国联邦调查局（FBI）的国家暴力犯罪分析中心的案例。该组织中有几个行为分析部门（BAU）。在令人难以置信的共 15 季 324 集剧集中，该节目讲述了某个行为分析部门中一群受过专业训练的犯罪分析员试图阻止连环杀手行凶的故事。在每个剧集中都有人被杀，然后 BAU 分析员被要求找出谁是那个"需要调查的未知对象"，以及如何在他再次袭击之前抓捕此人。为此，真正的 BAU 特工依靠多年的经验、培训和从犯罪现场获取的关键情报来描述嫌疑人是谁，以及在哪里可以找到他们。

在《犯罪心理》《犯罪分析员》和《破案神探》等剧集中，我们可以看到这些专业人士所拥有的令人惊叹的洞察力。再加上还结合了被绑架的受害者、追逐场景、计算机成像和命悬一线的故事情节收视率非常高。那么，对于预测一个人的行为，这些世界上最好的个人分析资料可以教给我们什么呢？不幸的是，几乎没什么可取的东西。

首先，杰夫会告诉你，虽然刑事犯罪专家在理解连环杀手的作案模式方面探索了很久，但行为分析部门在剖析人物方面绝对是糟糕的。他们真的无法预测很多事情。根据戴维斯的说法，"众所周知，行为分析部门实际上并不是在抓捕凶手，他们所做的其实只是在帮助缩小调查范围。有时，人物分析会惊人地准确，但有时也会惊人地失误。当然，越准确电视效果越好。我们希望电视节目中的侦探在推理方面能做出令人难以置信的跨越，但现实情况可能更为平淡无奇。毕竟，正是一张停车罚单最终导致了号称'山姆之子'的系列杀人犯大卫·伯科维茨的被捕"。

在大多数行业中，我们都期待专家的表现明显优于新手。如果我的篮球打得几乎和NBA的第一轮选秀者一样好，那就有问题了。但在一项元研究中（即当研究人员对一个主题的大量研究进行评估并寻找其模式时），研究人员发现，分析师/经验丰富的调查人员组仅比对照组"在预测犯罪者整体特征方面做得稍好一些"，而且，在预测罪犯的社会习惯、历史、身体特征和思维方面，他们也并没有比对照组做得更好。[2]这颇令人担忧，因为，如果分析是一种专业的、可学习的技能，他们在识别罪犯方面应该比普通民众好得多。

　　杰夫和犯罪分析师并没有表现得比预期更好，这一点告诉我们的是，即使经过多年的培训和实践经验，对一个人做预测也几乎是不可能的。我们都倾向于认为，只要我们掌握了正确的方法，我们就可以与特定的人建立联系，但是，对任何一个人都是很难做出预测的。谷歌在预测、甚至为你提供搜索结果方面做得如此出色的原因在于他们关注的是数十亿人正在搜索的内容，由此他们才可以看到异常大的趋势。这意味着，大多数情况下它能为你提供你要寻找的东西，但情况并非总是如此。这也意味着，当一个人搜索"流感"时，这个搜索是没有意义的——他们可能错误地输入了"长笛"这个词（在英语中这两个词的拼写非常接近），或者，搜索者正在研究一个相关的电视节目，更有可能，他想确认自己没患上流感。只有当一百万人都在搜索"流感"时，我们才开始看到一种趋势，这个趋势才可能告诉我们一些相关的事情。所以，即使杰夫正在搜索如何杀人也没什么。短期来说，一个人的行为太难以预测了，所以我们不能老盯着他不放。这一点有可能在某天会发生改变，但就目前而言，我们尽可能多地去做的是观察一个人的行为，同时也要了解到，那些和我们互动的人们的行为可能不总是前后一致的。

在创建"影响者晚餐"活动的早期，我真的很想接待那些我所钦佩或渴望见到的人们。我想尝试准确地预测自己该说什么或者他们关心什么，但我不得不接受：这行不通。我需要专注于一群人，而不是只专注于某一个人。我需要创造一种社群意识。事实上，通常的情况是：我们很想认识某人，但他却对此不感兴趣，而且大多数时候其原因也与我们无关。我们的工作应该是关注整个社群，而不是只钟情于其中的一两个特异者。谁参与其中并不重要，重要的是我们关心的人是否能参与进来。与其试图预测某个人的行为，不如向谷歌学习，去观察人们的行为方式。虽然谷歌在线上理解人们行为方面做得非常出色，但我们更希望向那些最擅长亲自做这件事的人们学习。显然，这些人不是刑事分析师，那么，他们是谁呢？

在我看来，他们是主题公园的设计师们。因为，在有数百万游客的公园中，环境完全在这些设计师的掌控之下，任何时候只要他们做出某些改变，马上就能看到改变的后果是什么。如果投诉增加、销售额上升或游客在公园停留的时间发生变化，他们会吸收获取这些信息并据此调整其设计。

如果你曾经去过佛罗里达州奥兰多的迪斯尼游乐园，你可能已经注意到了某种设计上的怪异之处。在停车、排队、购买门票后，你并不能直接入园。事实上，你和其他公园游览者必须要么乘船要么坐单轨电车才能到达魔法王国的正门。就在登车或上船后大约 23 分钟后，你和你的同伴终于到达大门前，这时才看到了迪斯尼大街的标志性景观，孩子们此时也纷纷涌向灰姑娘城堡。

现在的问题是：如果修建迪斯尼乐园的目标是让它成为地球上让人感到最幸福的地方，而且还要经营得成功、利润丰厚，那为什么从售票柜台到主入口需要 23 分钟的路程呢？在那段时间里，游玩者本可以感觉很享受并乐意花点钱的。出乎意料的是，这个问题的答案可能与人们的收入有很大关系。

让我们认真地看待一下这事吧。2019 年，美国家庭的平均税后收入在 3.2 万—5.9 万美元之间，[3] 我们折中一下，取平均值约 4.5 万美元。这意味着，每个家庭平均每月要花大约 3800 美元在支付食物、租金、衣服、医疗保健、手机账单、汽车、信用卡账单等上面。不幸的是，其实有一半美国人的收入远低于此。因此，当一对父母为家人支付 1200 美元购买为期四天的迪斯尼门票时，这对他们来说是很大的一笔花销，而且，这笔钱还不包括食物、玩具、酒店或旅行的费用。在他们将信用卡递给柜台收款人的那一刻，这一切都会刺痛他们。这就仿佛是一次性花掉了他们要付的抵押贷款和汽车贷款一样，突然间，他们会体验到一种很熟悉的挫败感以及作为买家的自责和遗憾。但是，如果沃尔特·迪斯尼世界应该是地球上最幸福的地方，那公园的设计师要如何应对呢？

针对这个问题的解决方案已成为该主题公园神话的一部分：迪斯尼公司查看了数据，尽管买家的悔恨持续时间因人而异——这期间要计算他们花了多少钱，他们又能赚多少钱——但 23 分钟的车程足以让你和你的同行者摆脱这种感觉。这就意味着，当你买票后登上了单轨电车，在你到达魔幻王国的大门时，你要么已经忘记了在门票上的花费，要么至少已感到有些轻松，接下来，你就会对享受这个地球上最幸福的地方（当然还有花更多的钱）感到非常兴奋。

一些主题公园专家认为这只是公园布局带来的一个令人高兴的副作用而已，但是，如果这是有意识地去设计的，我认为这是我所见过的很人性化的、最出色的设计案例之一。迪斯尼公司实现了他们的最终目标：既确保你享受体验的每一刻，又成功地经营了企业。试想，如果你或其他公园游客带着那份买家的悔恨不高兴地进来游玩，那只会导致糟糕的体验，你会后悔将钱花在这里，而且以后也不想再做回头客了。正相反，设计师在设计阶段就考虑到了客人的行为，从而使每个人都得到更好的游玩体验。家庭成员更开心了，大家都留下了更美好的回忆，公园里的气氛更融洽了，因此，迪斯尼的生意也做得更好了。

我之所以喜欢这个例子，有两个原因：首先，它完美地展示了行为经济学家丹·艾瑞利所说的"可预测的非理性"行为是什么。通常，我们做出决定和反应的方式并不理智，但它们依然会每次都依样画葫芦地进行下去。看看人们是如何年复一年地说出同样的新年决心吧，而且，他们也真的认为今年会跟往年有所不同。相信事情会有所改变并不那么合理，但可以预见的是，人们仍会继续这样做。

第二个原因是，当我们了解这些非理性的行为机制如何运作时，我们就可以围绕它们进行设计。在迪斯尼乐园，即使每个人都提前知道票价是多少，而且也是在接受了之后才去排队的，但在买票的那一刻，我们的行为机制开启了，许多人会有买家的那种悔恨感。我们并没有被迫买票，我们是自愿选择加入此行列的，但我们仍然感觉很糟糕。不幸的是，买家的悔恨感就是我们行为机制的一部分。它是一种被称为"损失规避"①的偏见的副产品。从本质上讲，相对于因获得某样东西而感到的快乐，我们会因失去某样东西而感到更多的痛苦。对于大多数人来说，失去 100 美元的痛苦两倍于得到 100 美元的快乐。显然，这种思考并不理性，这两种感觉的程度应该是一样的。但当行为机制和偏见运作时，我们的理性思维几乎无能为力。这也将我们引向了一个重要的细微差别上。迪斯尼公司并没有像刑事犯罪分析师那样试图猜测或预测人们的行为方式，相反，他们着眼于人们实际上的行为反应并围绕这些行为进行设计，所以，最后的体验才会非同寻常。

当我们围绕人类行为进行设计时，我们可以创造一种让每个人都过得更好的环境。这应该是我们与人交往时的目标：我们需要放下我们认为人们应该如何表现的想法，去看看人们实际上做了什么。一旦我们了解了人们的行为

---

① 损失规避是指当面对同样数量的收益和损失时，人们会认为损失更加令他们难以忍受。——译者注

机制、偏见和习惯，我们就可以像迪斯尼那样围绕它们进行设计并创造出机会，以使人们最大限度地去建立联系、确立信任和创造一种社群意识。

在了解了迪斯尼游乐园的例子后，我改变了迎宾的方式。虽然我们从不收费，但我添加了一些过渡时间使他们放松下来。我们不再只是在人们进入时给他们一杯鸡尾酒，然后让他们和一群陌生人待在一起。我们想减少谈话的压力。因此，我们会先带大家参观一下房间或收藏的艺术品，并为人们分配诸如调酒师或负责外套存放之类的工作。我们可以看到，这些微小的变化既减轻了他们的压力，也促进了相互间的对话。

当我们了解了行为机制的影响时，我们可以围绕它们进行规划，这样我们就能更加体谅他人、思考他们的需求以及了解什么能让他们产生归属感。

我们面临的问题是，损失规避，连同宜家效应、光环效应和内隐自尊，只是越来越多的180多种已知认知偏见中的一小部分，从和谁结婚、采购什么到我们如何在选举中投票、我们会注意什么，甚至我们会忽略什么，都受这些认知偏见的影响。通过了解这些机制，我们不仅可以了解如何更好地与人联系，还可以不时做出一两个更好的决定。例如，被称为"诱饵效应"的偏见会对我们的选择产生非常不合理的影响。我选择这个偏见来说明只是因为它很容易证明我们是多么的不理性。卖家发现，当客户在两个选项之间进行选择时，添加第三个不相关的选项，即一个诱饵，他们更有可能购买原来两个选项中的那个高价商品。

这个经典的案例来自《经济学人》杂志的年度订阅价格实验。参与者被提供了两种情景，第一种有诱饵，第二种没有。下面的表格是订阅情景和选择每个选项的人的百分比对照。

| 订阅情景 1 | |
| --- | --- |
| 选项和价格 | 选择比列 |
| 网络版：59 美元 | 16% |
| 印刷版：125 美元 | 0% |
| 印刷版和网络版：125 美元 | 84% |
| 订阅情景 2 | |
| 选项和价格 | 选择比例 |
| 网络版：59 美元 | 32% |
| 印刷版和网络版：125 美元 | 68% |

显然，在情景 1 中，如果能以相同的价格同时获得印刷版和网络版，没有哪个有理性的人会选择以 125 美元购买只有印刷版杂志的诱饵选项。但是在情景 2 中，当我们删除没人想要的选项时，我们看到，选择比较昂贵的印刷版兼网络版的人少了。取而代之的是，现在有比情景 1 中两倍多的人选择了仅仅是网络版杂志的较便宜的选项。[4] 从这个角度来看，添加诱饵相当于告诉餐厅服务员你想将晚餐从鸡肉换成牛肉，就因为现在增加了第三个选项，即那

个从垃圾中取回的放了三天的奶酪三明治。

对我们来说，重要的是要了解这些偏见影响了所有人，其中也包括我们自己。事实上，如果认为其他人受到的影响比你更多，这本身就是一个"偏见盲点"，属于有据可查的行为怪癖的另一个例子。在某种程度上，我们必须接受，这些偏见是来自我们大脑的固有的限制。人们倾向于认为如果我们能以某种方式更多地使用我们的大脑，比如超过大家都知道的使用量的10%，我们就会做出更好的决定。神经科学家莫兰·瑟夫（Moran Cerf）指出，这种说法是不对的，因为我们实际上已经使用了100%的大脑功能。他认为，之所以会出现这个错误信息是因为（大家没料到）我们有意识的思维所能操控的事情非常有限（例如，我们无法控制我们能看到黑白的还是彩色的世界，或者在寒冷的时候能感到温暖）。

瑟夫将大脑比作钢琴。当钢琴家演奏时，他们一次只使用几个琴键；如果他们同时敲击所有琴键，那声音听起来既可怕又浪费了弹奏者的大量能量。同样地，大脑会在需要时只激活它需要的特定区域。一次激活所有这些区域是没有意义的。事实上，过多的活动可能会导致破坏性的影响，比如说癫痫发作。

最终，我们的大脑仅希望使用尽可能少的能量，这样我们就不需要经常去寻找更多的食物来为它提供能量了。思考是非常消耗精力的。这是导致我们存在认知偏差的原因——思考走的是捷径，这样我们就可以在不消耗大量精力的情况下快速做出决定。如果你每次做出决定时都要对每一个可能的因素进行彻底的、审慎的考虑，你会发疯的。单单挑选冰激凌蛋卷筒就涉及查看其中每种成分的供应商名单、食用进口食品和国产食品之间的道德暗示、碳水带来的影响，更不用说还涉及员工的工资、公司政策和无数其他因素，而所有这些思考仅仅是为了吃到一勺巧克力冰激凌。对我们来说，把这么多的精力和时间用在摄取一些含糖的美味的卡路里上没有意义。相反，我们需要一个捷径，比如，因为这个冰激凌是有机的，它是本地采购的，或者它是由一个带有趣标志的品牌 logo 的公司制作的，所以我才决定买一勺来吃。

同样，我们的大脑在数百万年的时间里不断发育，建构了大量的这些捷径，因此我们无须总是考虑每个决定的各个方面。大脑建构已经如此根深蒂固，以至于我们不仅没有注意到这些捷径，而且还为它们做辩解和解释。我想再次强调这一点，因为这是非常重要的一点。我们有意识的思维习惯了对我们的偏见给出一个非常好的叙述性解释。就像你可能会因为诱饵效应而选择印刷版和网络版杂志，但当被问到原因时，你会说你这么选择是因为它就是你真正想要的。

这也是保障生存的绝妙解决方案。我们与其一直为吃什么东西而担心，不如创造出在大多数情况下都有效的捷径，以减少狩猎和采集，以此增加生存的概率。不管选择是什么，我们有意识的思维都会给出一个很好的叙述或解释，这样我们就可以对自己的行为感到自在了。不要误会我的意思，其实某些情况下这些对我们并不利，比如我们会体验到买家的悔恨感或没经受住引诱而吃了更贵的饭菜，但另一个极大的可能是，如果我们没有产生这些偏见，我们的祖先就永远不会拥有这些能够滋养不断运转的大脑的资源，我们可能会走向灭绝。

这些偏见的有趣之处在于，即使我们能意识到，我们仍然会受到它们的影响。这就像你知道不应该和对你不利的人约会，但你并不能阻止自己被他们吸引一样。同样，明知道你会体验到买家的悔恨感，但这并不能阻止你购买某物，过后再度感受到这份悔恨。相反，理解这个心理过程意味着我们可以做两件事：第一，作为个人，我们可以退后一步思考："这是对我和我关心的事情真正有意义的选择或行为吗？"这并非我们能够一直做到的事情，因为它可能会让人精疲力尽，但这是一项重要的练习。我们可以做的第二件事是：围绕这些偏见进行设计，就像迪斯尼公司在迪斯尼乐园入口处所做的那样。

现在我们有了一个策略：与其试图对人的行为进行预测，不如去了解我们的行为机制是如何工作的，从而可以围绕它进行设计。通过尽可能全面地考虑人类做决策时会有的所有惊人的非理性层面，我们可以建立更好的联系和更高水平的信任，拥有更大的影响力和更强大的社群。要做到这一点，我们需要成为行为架构师或设计师。主题公园设计师在设计环境时会考虑人们的行为，我们也可以。

想象一下，人类的大脑就像一头有骑手的大象。虽然这个类比并不完美，但请和我一起这么想象吧。骑手就是有意识的大脑——它可以表达并指导我们的行动。大象是无意识的大脑，它包括情绪、偏见和自动反应系统。骑手远不如大象那么强壮，但当骑手精力充沛时，它可以引导大象去往需要它去的地方。

例如，早上醒来，我很棒地让自己享用了一顿健康的早餐。但在后面的一整天里，我变得越来越累，每当这个时候，我的骑手就变得精疲力尽。到了晚上，我的骑手没有精力去控制我的大象了，所以，当我的大象看到厨房柜台上的巧克力棒时，它就将这些全部吃掉。这种情况下，意识思维，即骑手有两个选择：

1. 对自己没有坚持节食感到非常生气。

2. 用二级逻辑自洽这种行为，即自己知道大象会这么为所欲为。

这就是我认为我有意识的思维在此发挥的作用。我是一个非常有创造力的人，但在我的生活中，我从来没有像现在这样这么好地发挥我的创造力来对我吃巧克力、找朋友喝酒或让大象做它想做的其他任何事情进行了逻辑自洽。

为了克服这类问题，人们试图说服骑手去表现得更好，变得更强壮。他们去帮助人们建立意志力和自信心。这是一项非常崇高的努力，可以对人们的生活产生巨大的影响。

另一个选择是去搞定大象。你想让老爸减肥吗？在他面前失控地哭泣吧，告诉他你担心他会死去，以致永远无法参加你的婚礼。做得对，你或许也可以这样搞定大象。但是，如果没有第三种选择，只搞定大象或骑手也是行不通的。

无论大象和骑手去往何方，无论谁是操控者，它们都必须沿着一条路径往前走。如果那条路很宽，大象可能会四处游荡并造成麻烦。相反，如果这条路设计得好，大象将别无选择，只能去我们想让它去的地方。

你的大象可能想要世界上所有的巧克力，但如果你家里没有巧克力，而且所有的商店都关门了，它就什么也得不到。这是一个非常简单的路径设计，但你可以看到它是有效的。我们的目标是构建我们的体验，让人们走上一条理想的道路，既能搞定骑手的逻辑，又能搞定大象的情绪、偏见和机制，但最终，让他们都能到达需要去的地方。

这就是沃尔特·迪斯尼乐园让游客乘单轨车和渡轮的亮点。作为游客，你有了一个美丽而新奇的体验，即它带你到达了前门，而在这段路程中，每个人的大象都会克服买家的悔恨，迪斯尼不仅将你的身体带到了你的目的地，也将你带到了你情感上想去的地方。请注意，迪斯尼并没有试图预测你会在哪里情绪化，然后在那里和你相遇。相反，他们设计了一条考虑到大多数人的大象和骑手都会走的路径。这意味着，你带着悔恨、兴奋、悲伤甚至愤怒的心情往前走，而在这段路程结束时，你会更加快乐，准备好了去享受这个乐园，去创造美好的回忆。

现在，我们需要了解如何设计一条路径来让我们与人联系的体验既有效又愉快。在你学习设计过程时，你将能够把它应用于任何事情，让人们认识到你的社会事业的重要性进而支持它，认识到你正在营销的产品的价值进而购买它，认识到你拥有令人印象深刻的技能进而录用你。现在，是时候看看一位传奇教练是如何使用这种方法来培养田径史上最成功的球队之一了。

# 第十五章
# 目标决定路径

当瓦莱丽·康多斯被任命为加州大学洛杉矶分校女子体操队的主教练时，她有点吃惊。她对体操一无所知，但作为一名职业芭蕾舞演员，她确实在动作和编舞方面有一些基础。瓦莱丽在执教经验方面的欠缺可以用自己的表演能力弥补。她意识到，她最需要做的是去了解历史上最优秀、最强硬的教练们是怎么做的，然后像他们那样去做。她模仿了那些无情的独裁者般的教练，当运动员表现不佳时，她也会对他们大吼大叫。得益于她出色的（舞蹈）表演技巧，训练结果立竿见影。在不到两年的时间内，球队就从她接手时受人尊敬的体操队变成了国内最差的体操队之一。

对此，瓦莱丽体会到的不仅仅是失落。当她走进加州大学洛杉矶分校的体育馆时，她停下来盯着大楼。每年，学校花费大约 5000 万美元来训练学生运动员。她受聘要做的有两件事：在比赛中获胜并让她的学生运动员顺利毕业。她对为获得吹嘘的资本拼命砸钱的荒谬行为感到不解。老实说，这不是她所关心的文化。作为一名职业舞者，她所关心的只是享受这个过程并从中得到成长。但是，当她那天坐在办公室里时，她开始意识到一些事情。她并不是一个说话严厉、冷酷或像钉子一样强硬的人。事实上，她是你见过的最富有同情心和最有爱心的人之一。她被雇用是为了让体操队获胜，但说实话，这并不是她所渴望的。她想改善运动员的生活；进一步说，她想促进运动员的全面成长。

加州大学洛杉矶分校是招聘新生的磁石；毕竟，对于一个第一次独自冒险的 17 岁孩子来说，阳光明媚的加州和洛杉矶的文化听起来很棒。这意味着，瓦莱丽有幸执教一些世界上最优秀的体操运动员。当遇到她时，许多人已经参加过奥运会比赛。由于这项运动以令人难以置信的受伤风险和威权教练风格闻名，这些运动员也都非常擅于遵循指示。所以，瓦莱丽意识到，自己的目标不应该是给这些年轻女孩子施加更大的压力，她们过去一直都在经受着责骂和控制。她也试着这么做了好几年，结果不仅没有奏效，还让她和学生们都痛苦不堪。因此，她将成功"从只关注获胜转变为发展我的训练理念，即通过运动培养生活中的冠军"。[1] 这意味着，她要全心全意关注她的学生运动员们，帮助她们成长为优秀的人。因为从排名的角度来看，事情不会变得更糟了，即使比赛失败了，至少她们的生活也会得到持续的改善。

随着瓦莱丽为自己和团队设定了新的标准，她不再需

要表演了。相反，她成为那个有爱、风趣、全身心投入的
自己。她的执教重心从运动转向了生活。她与女孩们谈论
该如何做出正确的决定、如何健康地生活。她与年轻新队
员的通话几乎完全集中在她们自身以及她们所关心的事情
上，极少与训练有关。随着这些学生运动员们变得更有能
力，她们更加信任瓦莱丽了，而且也表现得更好了。在接
下来的 25 年里，加州大学洛杉矶分校女子体操棕熊队赢得
了七次全美大学体育协会冠军，而"瓦尔"小姐——运动
员们这样称呼她——则入选了加州大学洛杉矶分校体育名
人堂，并当选为太平洋十二校联盟（Pac-12）的"世纪教
练"。虽然这是对她取得的令人难以置信的成功的证明，但
如果这仅仅是她所取得的全部成就，她会认为自己是一个
失败者。对她而言，"真正的成功是培养出生活中的冠军，
无论比赛是输是赢"。[2]成功有助于这些年轻女性成为了不
起的人。

　　几年后，瓦尔小姐的价值观受到了考验。她的一名学
生运动员凯拉·罗斯走进她的办公室，以一种不同于以往
的方式坐在沙发上，开始与瓦尔小姐谈论她的课程和未来
的抱负。当瓦尔小姐赢得凯拉的信任后，随着聊天的继续，
瓦尔清楚地意识到，这不会是一次普通的谈话。凯拉有生
以来第一次分享了她被前美国体操队医生拉里·纳萨尔性
侵的经历。不久之后，凯拉与其他受害者一起挺身而出，
勇敢地站出来阻止纳萨尔继续伤害其他人。结果，纳萨尔
后来因系列性犯罪而被裁定有罪。

在听到凯拉披露的这一切后，瓦莱丽坐在办公室里，面临着两个选择：她可以将团队的注意力完全集中在即将到来的全美大学体育协会冠军赛上，以避免可能引发其他受害者及其朋友们彻底分散注意力，或者，她也可以直面这个问题，并以此为契机，培养运动员成为生活中的冠军。瓦莱丽很清楚她的责任是什么。对她来说，以牺牲运动员的情绪健康为代价赢得冠军是不可接受的。在接下来的几周里，她专门召开了几次团队会议来讨论此事，为凯拉和团队创造了一个安全的空间来解决这个问题。凯拉很幸运有一个可以支持她的教练和团队。很难想象被纳萨尔虐待的 250 多名受害者经历过的而且还在经历的创伤和痛苦是多么巨大。值得庆幸的是，有些人能够挺身而出，这样他就不能再继续行医或伤害无辜的孩子们了。

那年晚些时候，加州大学洛杉矶分校赢得了女子体操全国冠军。之后，凯拉告诉瓦尔小姐，她认为团队获胜的一个原因是瓦尔直面了这个问题。凯拉说："瓦尔小姐，随着赛季的进行，我真的觉得自己走得更高了，当我走上冠军赛场时，我觉得自己是无敌的。"

确实，这是瓦莱丽的观点：以尊严、人性和快乐为代价的胜利是空虚无意义的。她把帮助女孩们充分发挥出自身的力量作为己任，这不仅指她们在比赛中获胜所需的力量，也是她们成长为具有非凡品格的女性所需的力量。她相信，生活中的冠军将转化为体育比赛中的胜利，显然这很奏效。在为本书采访瓦尔小姐时，我看到她身上很明显地体现了我们谈到的许多内容，从建立信任、为人慈善到培养真正的社群意识，但她真正擅长的是理解如何为大象和骑手创造一条有效的路径。她确切知道她所希望的那些学生运动员在毕业时的目标是什么。这与技术技能无关——她们已经拥有这些技能——而与如何塑造品格有关，在这样的情况下，无论教练是否在场她们都可以做出很棒的决定。与她之前设定的坚硬如铁的执教目标相比，这是一条她和她的教练团队受到启发后设计的道路，她将这个分享给运动员们，同时继续通过团队会议、一对一的对话、练习和训练将这些关键的核心价值观和经验灌输下去。她们创造了一个发展之旅，赋能于学生们，当学业结束时，她们已做好准备，自信地去生活了。

在创建路径时，大多数人、公司和组织都会制定一个简单的三阶段流程来吸引你的注意力、与你互动，并希望你作为会员加入。加州大学洛杉矶分校招募体操运动员或杂志社吸引客户订阅时都会这么做。我将这些阶段描述为：

1. **发现**：如何引起你的注意（用广告、邀请、介绍等方式），将你引导到……

2. **参与**：你与某品牌或某个人建立联系（如购买产品、参加活动、会面等），这有望带来……

3. **会员制**：你会继续保持联系和消费（购买更多、参加接下来的活动、保持友谊等）。

这是一个可爱的想法，听起来很合理，但它有一个很大的缺陷：它是从前向后设计的。当你计划旅程时，你不会从查看自己所在的位置开始，然后直接步行或开车前往目的地；相反，你要查看你想要到达的目的地的位置，然后从那里倒推到此时此刻做计划。

小时候，当我想找出通过迷宫最快的方法时，我会从终点开始，然后回到起点。同样，瓦尔的成功来自她选择了一个激发她灵感的目的地，然后从学生毕业那天往回设计了这条路径。这个过程对我们来说是一样的；我们想查看要达到的最终结果（即会员），然后反躬自问：我们想要创建什么样的会员制。你希望会员们如何与你互动？互动时会有什么感觉？对瓦尔来说，会员制就是让她的学生运动员们一起踏上成长之旅。这种感觉和表现都与威权领导下的体操队的传统形象大相径庭。对瓦尔来说，构建理想的会员制需要考虑如何让她的学生运动员们参与进来，进而产生这种会员意识和同志情谊。只有当我们清楚了我们所希望的与人互动的方式是什么时，我们才会考虑如何接近他们。请注意，一旦瓦尔在此明确了她想要的会员类型，她就改变了培训的方式（参与），然后改变了她接触新队员的方式（发现）。如果她试图以另一种方式来做——从设计招收队员流程开始——那么招聘就无法与参与一致，也不可能与她想要的会员相一致。这和你上了一辆车，然后希望它带你到你喜欢的目的地是一样的。你要在开始宣传或邀请人们加入之前先定义好立场并确保信息清晰。从会员开始，你可以创建你想要关注的文化和价值观。

并非所有会员的理念都是相同的。红牛饮料设法让人们从人群中脱颖而出；而苹果公司让人们在店铺外面通宵达旦地等待，成为新品刚上市就拥有了它的第一批人。有些人会捐赠给你一个肾脏，有些人不会分给你他一天中的任何时间段，所以，当你策划自己的社群时，先问问自己想和客户、捐赠者、支持者、朋友、社群会员、员工等建立什么样的会员制。在这里，最重要的一点是：它必须与你个人的价值观和品牌价值观保持一致。如果没有受到这些价值观的启发并致力于促进它，你就做不到通过年复一年、一个又一个活动、一个又一个产品发布与人们建立真正的联系。你会从心里讨厌它。

这就是瓦尔女士进入加州大学洛杉矶分校培训机构的转折点。她意识到，她曾认为，获胜所需的价值观应该是"不惜一切代价"。但她自己不仅不相信这个，而且这与她关爱他人、关注和帮助人们获得进步的价值观截然相反。等她明白了这一点，她就制定了一个与自身价值观相一致的新目标：培养能够在赛场之外为自己的生活带来自信和健康的冠军。现在，很显然，如果她继续以独裁者的身份与学生运动员们相处，这点就不可能做到了。这就意味着，她必须重新设计整个参与程序。也就是说，需要重新打造团队会议，谈论个人发展，并建立深厚的信任感。渐渐地，她成长为一名教练，带领的球队也取得了成功。当她专注于教授团队去做有效的决定时，队员们也做到了更好地照顾自己，她们不会在比赛前溜出去聚会，也不会甘愿忍受男朋友的辱骂。

弄清楚我们想要创建什么样的会员制，我们就可以设计出能让人们参与其中的方式。我们希望创建一个途径或流程，让适合会员文化的人加入进来、让不适合者自行选择退出。例如，那些猛烈抨击队友、为人冷酷的运动员就不可能加入瓦尔女士的训练项目。

至于瓦尔女士项目中的发现过程，这对她来说是很容易的部分。教练打电话或与潜在的新人及其家人会面是司空见惯的。她在挖掘新人的宣传中侧重那些以培养生活冠军为目标的人，并且，这些相同的价值观会一直贯穿于会员制。

虽然我们的生活是向前的，但在发展出深远的成果、影响力、社群等方面，我们必须倒着设计。瓦尔在思考时以终点为始，然后向后构建程序，这就是我们要做的事情。

> **会员制**：我们希望人们如何感受、如何思考和做些什么？
>
> **参与**：有哪些东西可以引进这种类型的会员？
>
> **发现**：做什么（有哪些东西）可以吸引对的人以这种方式参与进来？

瓦尔的路径是很成功的。她不仅涉及了上述的每个阶段，而且通过谈论如何做出正确的决定和建立精神毅力吸引了骑手。她还通过与学生运动员建立强烈的情感联系来吸引大象。这条路径的结构确保了大象不会漫游得太远。她的训练过程清晰，加上助理教练、训练员和支持者，这些都确保了运动员们不会迷失方向。

当我们致力于建立联系时，我们并不拥有用好几年来培训人员的那种奢侈。我们可能会通过电子邮件与他们联系几秒钟，或通过电话与他们相处几分钟，或者，如果这是一次亲密的面对面活动，我们有可能会与他们相处几个小时。这意味着，我们设计的路径需要做更多的规划。所以现在你可能会想，我该如何设计我的路径，在这个过程中我需要关注什么呢？我会根据自己的经验给你举一个例子。这是在我创建社群几年后的事，所以它不是关于如何创建一个小组，而是聚焦于我和我的团队如何设计一个活动以产生最大的影响。

2015 年 3 月 7 日，星期六，我的 60 位晚餐会员收到了邀请他们参加"审美气味早午餐"的最终确认函。他们被告知如下内容：

➤ 这次活动会提供早午餐（这次不用为我做饭了）；
➤ 请带上自己三个亲人的姓名和地址；
➤ 一位世界级专家将专程飞过来教你一些东西。

他们还被告知，这次活动是与一家公司合作，他们要有心理准备迎接一个有趣的惊喜。

那天客人到来，有美味的自助早午餐供其享用，还提供了鸡尾酒甚至某些游戏以方便他们交流。就餐完毕，惊喜呈现：每次有 12 个人被请进一个单独的房间，每轮有两个人被指定到一张铺满鲜花的桌子边，在那里，有一位世界上最受尊敬的专业花艺师欢迎他们。

在接下来的 30 分钟时间里，花艺师展示了整合完美花束的理论和技巧，同时指导大家制作自己的花束。等他们的花束完成了，每个客人才透露他们的身份。前面一位身材娇小的女人是著名的性学家露丝·韦斯特海默博士；旁边是电影《X 战警》和《变形金刚》的制片人汤姆·德桑托；然后是 *Elle* 当时的主编萝比·梅耶斯；名单上还有其他名人、记者、作家和职业运动员，轮到最后一个人，他说："我的名字是阿加·科里，我是'鲜花速递'公司的创始人，我们可以适中的价格快递美丽的花束到城市的任何地方。为感谢您的光临，我们的派送员已经在等候，他们会立即将您制作的花束送到您所爱的人手中。"就在客人们交际和玩乐时，他们会收到一张亲人收到由他们亲自制作的花束的照片。

你可能认为这听起来很有趣，但这个过程中有很多事情需要做。让我们分解一下为何我们用这种方式设计了这个体验，以便大家了解这与我们希望大象和骑手走的路径有何关系。

## 会员制

让我们从结尾开始。我们关心的是要有什么样的会员？我们希望人们有什么感受？品牌的核心价值是什么？

对于"鲜花速递"公司来说，送花是为了让他人感到特别的喜悦。当有客人想"表示感激"时，我们希望他们将这个愿望与"鲜花速递"公司的送花服务相联系。

为了带给大家这种感觉，我们围绕着一种被称为"峰终定律"[①]的认知偏差进行设计，它与人们处理个人体验的方式有关。想象一下，你正经历人生中最美好的一次约会。三个小时过去了，当你俯身亲吻对方时，你的约会对象看着你的眼睛说了句你所听过的最可怕的话。当你回到家，你的朋友问："这次约会是很棒还是不怎么好？"你会说什么呢？

尽管前面的三个小时很完美，最后糟糕的感觉只有三秒钟，但每个人都会说这次约会很糟糕。根据诺贝尔奖获得者丹尼尔·卡尼曼的研究，人类很难处理那些快乐或痛苦的持续时间——他们不成比例地记住的是所经历的高峰以及它结束的方式。

采用"峰终定律"意味着，我们的活动要结束在品牌的情感价值上，而我们通过让参与者的亲人收到他们刚刚

---

[①] 峰终定律（peak-endrule），是2002年诺贝尔经济学奖获得者丹尼尔·卡尼曼教授提出的，即人的大脑在经历过某个事件之后，能记住的只有"峰"即高潮和"终"即结束时的体验。——译者注

组装的花束的照片带来的惊喜实现了这一目标。这将是吸引大家成为会员的触发器。

## 参　与

一旦我们明确了想要的最终结果，我们就会计划如何让人们参与进来。与其在此告诉你每一个细节，不如我们的大致思路分享给你。

鉴于公司希望与行业影响者建立联系，我们围绕着慷慨、新颖、策划和震撼来进行建构。我们并不担心慷慨和策划的事，因为我们提供的是免费活动，留给我们的难题是如何达到新颖和震撼。我们需要穿插像演示、游戏或活动这样的内容。我们考虑了很多选择，而且我们想建立信任，同时使之与品牌建立更大的关联度，所以我们依靠的是宜家效应。让客人在了解鲜花知识的同时亲手组装花束会让他们更加重视"鲜花速递"公司，但这点还做不到让他们大吃一惊，也不会带来震撼。经过一番头脑风暴，我们想出了递送鲜花礼物，并将他们的亲人收到花束时的照片反馈给他们；我们知道这会让他们惊讶到浑身起鸡皮疙瘩。我们希望将这种体验与发现其他客人的身份相结合从而带来震撼。即使我们不这样做，设定一个创造令人震撼的时刻的目标也使我们能够开发出更好的概念。

## 发　现

在这个例子中，我们邀请的主要是以前参加过我的某个活动的人，所以已经有了一个基本的信任。但我们仍然确保我们的沟通有多方面的吸引力。

首先，我们向客人暗示或明确提及活动具有慷慨、新颖和策划的基本特征（我们将省略震撼，因为我们无法保持惊喜，我们暗示将会有事情发生，以引起大家的好奇心。这是一种被称为信息差的行为机制）。当我们所知道的与呈现给我们的东西之间存在差距时，就会出现以上三项（慷慨、新颖和策划）中的一项。如果信息差太大（例如，聚会上的某个人和我们谈论我们不了解的事情，像理论粒子物理学），我们就会不感兴趣并想离开这个环境。如果差距太小（例如，有人向你透漏了日期），它就不会带来什么结果，因为这并不令人意外。但是，如果差距就在那个甜蜜点，它既没有那么大以至于你想避免它，也不那么小以至于很无趣，你就会对此产生好奇心。

比如，看一下"热点速递"①上的文章标题吧。好奇心具备的一个有趣特征是：你有一种快要抓挠到它的那种痒的感觉。为得到答案，你的大脑会很想参与。因此，当"热

---

① 热点速递即BuzzFeed，是一家美国的网络新闻媒体公司，如今是全球性的媒体和科技公司，提供包括政治、手工艺、动物和商业等主题的新闻内容。——译者注

点速递"发布诸如"香蕉的 27 种用途，第 15 种会让你大吃一惊"之类的文章时，你会忍不住点击它。可惜，第 15种并没有让我大吃一惊。我们没有像"热点速递"那样制作点击诱饵，而是勾起人们对活动的好奇心，然后提供了一些令人满意的东西，所以客人们很乐于参与其中。

我们将活动命名为"味道审美早午餐"。这个名字有点让人不知所然，所以你会一遍又一遍地读下去，而且也很想知道，它应该是在说"感觉"吧？气味和它有什么关系呢？所以，当我们告诉客人们将有一位世界级的专家在场教他们一些东西时，我们增加了大家的好奇心。他们想知道那个专家是谁，他们将学到什么新技能，甚至好奇其他客人都有谁。如果你用这种方法来培育好奇心，那么答案必须是令人满意的；它不能是制造点击的诱饵。一旦你看到花朵并学会了如何组装它们，你就会意识到它很美，你可以闻到它的味道，所以它是有香味的。这个名称可能不是一个很有针对性的词，但活动结果是令人满意的。

现在你可以看到，"发现"过程的建构是为了引导人们参与特定的活动，进而成为特定类型的会员，获得独特的感受。我们吸引了大象和骑手，设计了一条有效的路径，到达了我们想去的目的地。

据我那场"鲜花速递"的客户们说，那是他们参与过的最有效的活动，尤其是考虑到预算有限的情况下。大多数公关公司或活动团队会专注于邀请一群照片墙网站上有影响力的用户及社交名流参加聚会，希望他们能发布相关信息。不要误会我的意思，这种类型的活动可能也有价值，但不会让人与品牌之间建立强烈的情感联系。它也无法与公司的领导层建立有意义的关系。相反，如果在活动结束后使用这种方法，阿加就可以向参与过活动的小组中的几乎所有人发送一份电子邮件，他们也都会有积极反馈。这种方法带来了新客户、潜在的名人合作伙伴关系以及大量的媒体报道。最重要的是，这些关系不是从公关公司租用的，而是属于阿加及其团队，并且这些关系会在未来几年内得以保持。

由于存在如此多的认知偏见和行为怪癖，我们很难知道应该关注哪些。在早期阶段，我会推荐我们在"味道审美早午餐"中介绍的三个。在发现的过程中，如能专注于利用"信息差"来培育好奇心，客人们就会被吸引进而建立联系。你也可以在发现过程中使用"损失规避"，提醒人们一旦错过它会多么失望，这有时也被称为错失恐惧症（FOMO），或者，你也可以限制开放点的数量，利用稀缺性，让人们知道这种机会或名额很快就会被填满，他们应该迅速采取行动。但请记住两个重要的标准：第一个显而易见——不要骗人，否则它会毁了你的声誉；第二个标准则是，如果你制造了好奇心或损失规避，你必须确保参加的体验是值得的，否则人们会有被糟糕的点击诱饵文章欺骗那样的感受。

在参与时，围绕宜家效应进行建构，以便使参与者集体付出努力。这将使他们彼此之间以及在你或你的品牌之间建立更多联系。在灌输会员价值观上，请尝试应用"峰终定律"，这样人们就能在彼此之间生发强烈的情感联系并记住它。随着时间的推移，这将带来更大的社群意识。我想再次强调以合乎伦理道德的方式围绕人类的行为进行设计的重要性。对此，一个简单的测试方法是：如果我与参与者分享我设计的每一个步骤以及原因，他们会接受吗？我每次都睡得很安稳，因为我在晚宴结束时会依照惯例将我采用的行为科学进行分解并介绍给大家，人们很喜欢这样。同样，瓦尔可以准确地告诉她的学生运动员为什么她的项目是这样设计的，这些运动员会因此而喜欢她。如果我曾经出于不仁慈或不诚实的原因使用这些知识，我很快就会失去人们的信任，而这将与我建立的一切背道而驰。

### 关于伦理道德的重要提醒

我还要回头继续讨论的是，当我们对偏见是如何运作的有了更多了解时，我们需要自我检视并思考：我们是否认为自己可能正在跨越某种道德或伦理的界限。正如我之前提到的，我对自己通常所做的测试是：如果我与参与者（与我并非朋友关系）分享这个体验之设计的各个方面，他们会感到被操纵呢，还是会欣赏这种体贴用心呢？

在第三章中，我们对信任应建立在能力、诚实和仁爱之上进行了讨论。这是一个关于仁爱的问题：你是否把参与者或社群会员的最大利益放在心上？

如果有人发现整个体验是为了让参与者沉迷于香烟，他们会感到沮丧。它背离了仁爱。如果体验是为了让人们获得乐趣，进而发现某个品牌或产品对他们可能有用，那么就不会有问题。

为防止问题的发生，我们对影响者制定了两项政策，你可能也需要考虑这些：

每次，当有一个品牌参与我们的活动时，邀请函上都会写清楚。

1. 该品牌将与我们分享其价值观、目标和预算，但我们拥有完全的设计控制权。我们一直为品牌提供服务，但从不以牺牲社群为代价。

2. 通过这种方式，我们保护社群并确保我们始终牢记他们的最大利益。

将这些想法融入聚会中可能会让人不知所措，但不要气馁。随着时间的推移，当你聚集人员、创建活动、培养在线社群甚至经营俱乐部时，这些考虑将开始自然演变。我举办的第一场晚宴一团糟。那是在仲夏，空调坏了，食物也不好吃。当我想到所有可能出错的事情时，我感到畏缩。当时我没有钱，也没有合适的餐具。回顾过去，它之所以效果不错，就是因为存在缺陷。这算不上一次经过特殊设计的华丽派对；相反，我只是将人们聚集在一起，带给他们新颖且精心策划的内容。他们从中看到了仁爱。事实上，不知所措让我处于一种脆弱的状态，在这种情况下，客人们纷纷参与进来并感觉相互联系得更紧密了。无论创造什么都是很棒的，一开始会有点混乱，这就是事情本来的样子。它使你的早期社群会员有更大的主人翁感，并且，随着时间的推移，它会有所改善。某天，当你深情地回顾过去，你会看到自己已走了多远。

现在，我们已经了解了如何为大象和骑手设计一条考虑人们的行为、吸引他们联系并培养相互信任的路径。接下来，我们想了解如何使这一切发挥作用以培养社群感和归属感，从而扩大你的影响力并改善人们的生活。为此，我们将访问世界上最大的创意社群之一，了解他们如何将一个想法变成一个全球性的现象。

# 第十六章

# 创建社群的路径

当蒂娜·罗斯－艾森伯格来到美国时，她没想到离开瑞士会让她变得如此孤立。她的梦想是成为一名专业设计师，尽管她设法在一家小型设计公司实习并结交了一些朋友，但她一直没遇到那些她所说的"我的同类"。她想成为一个慷慨、开放、包容的创意社群的一员。不幸的是，她面临着两个挑战。首先，客气一点说，她的英语水平还需要再提高一些。当无法被人们理解时，一个人是很难交到朋友的。其次，她想联系的所有创意人士（设计师、建筑师、电影制作人等）都在各自的行业中孤立地存在着，并没有作为一个单一的社群聚集在一起。更糟糕的是，所有的会议和活动都针对特定行业且价格昂贵，这意味着人们必须已经是成功人士才能负担得起出席费。这种排他性只会进一步将有创造力的人隔离。

时光流逝，蒂娜的英语越来越好，而借着瑞士小姐（SwissMiss）这一头衔的受欢迎，她巧妙地以此命名了自己的设计博客。受欢迎的博主身份让她获得了作为一个苦苦挣扎的实习生不可能负担得起的所有会议的免费通行证。然而，参加这些会议只强化了她的一个信念，即应该有人将这些孤立的社群聚拢在一起。

蒂娜决定做一个实验。她想邀请一组创意人员在某个周五的早上到她的办公室进行交流。活动是免费的，咖啡免费，百吉饼也免费，而且对任何人都开放。不管你是一个想学习摄影的正在苦苦挣扎的大学生，还是一家全球规模的建筑公司的创始人，你都会受到欢迎，而且，什么费用都不用付。她将这个交流活动称为"创意早晨"。她在自己的博客上打广告，那天一大早大约有 60 人出现在那幢电梯坏了的破旧大楼里。爬上六楼后，迎接他们的是不新鲜的百吉饼，以及"咖啡马上就来"的保证。但是，没有人关心百吉饼有多糟糕，因为蒂娜将他们聚在一起就足以有一个让他们早早起床、在上班前与人见面的理由了。

第一次活动没有什么具体形式，大家只是相互聊天认识，但随着活动的开展，蒂娜每次都在设计方面做些改进。为了促进人与人之间的对话交流，在第二场活动中，她增加了一位设计师的演讲，并请当地的创意者做主持。20 分钟的演讲和 15 分钟的问答环节让人感觉这不像是一个社交活动，更像是一个文化交流时刻。简而言之，它让人感觉不那么尴尬，尤其对于内向的人来说。

几个月过去了，她继续精细化这个活动。有微笑的志愿者向客人打招呼，并给他们一张活动破冰者（即首先发言者）的名字标签。为了激发创造力和归属感，还增加了现场装饰，有手工制作的标语牌，例如"你今天看起来很棒""欢迎每个人"和"每个人都有创造性"。为了促进联系，蒂娜创建了一个协作站，根据职业目标将人们配对。为了确保活动内容体现该组织的价值观，除了思想型领袖的演讲外，还有音乐家的表演，甚至是与会者的 30 秒演讲。

自 2008 年成立以来，"创意早晨"社群发展迅速，蒂娜每月亲自接待人数超过 500 人，但她并没有就此止步。她不是唯一一个希望与"自己人"联系的人。她收到来自世界各地的人们希望在当地举办"创意早晨"的信息。蒂娜相信"信任孕育奇迹"，因此，她向任何想要主办此活动的人开放，并制定出标准化的实施模式以确保效果。其中一项规则是赞助权可以出售，但所有的钱都需要投入到活动和社群中，以确保活动的精神不变。

截至本书撰写之时，"创意早晨"每月在 67 个国家的 216 个城市为 2.5 万人举办免费活动。在刚到一个陌生的国家创业之初，蒂娜可能是一个孤独的瑞士女孩，但现在，她是一个强大的领导者，拥有几家成功的初创公司，周围都是激发她灵感的创意人员。至今，全球有数十万人参加过"创意早晨"的活动，并在此过程中相识、结婚、创办公司、学习新技能并提升自己的职业生涯，这一切都是因为：有一天，蒂娜决定向一群陌生人发送一个邀请。

作为一名设计师，蒂娜创造了一条将影响力方程完美融入生活的路径。她知道这条路需要通向何方：激发创造力，建立联系。你会注意到，发现和参与的方方面面都促成了她想要的会员，而她所做的每一项改进都随着时间的推移而得到加强。在整个参与过程中，她不断激发归属感，并为人们创造相互联系的机会，从姓名标签、迎宾员到协作站。这条路径非常有效，即使一个人因需要在上班前早起去参加活动而脾气暴躁，他们也会在接下来的几天里获得食物、咖啡因、灵感和充沛的精力。她围绕人们的起点以及她希望他们达到的终点进行了设计。

因此，影响力方程的所有三个部分都得到了践行。蒂娜吸引创意人士的策略来自她多年的经验和直觉，但你会注意到，它与我在第八章中描述的 SOAR 模型完美匹配。她为人们提供技能、机会、渠道和资源。参与将会员的创造力变为现实，并为他们提供洞察力、联系和工具来完成他们关心的事情。

信任是由无数的微小环节培养起来的，从志愿者贡献自己的时间来布置、拍摄和步骤分解到音乐家和演讲者奉献他们的才华，甚至包括欢迎大家加入团队、参与破冰者或到协作站与创意伙伴匹配合作的一系列行为。

这种体验的各个方面都融合在一起，给人一种社群感。参与者意识到，在外部世界对自己角色的指定与自己自发参与其中的世界所赋予的灵感和归属感之间有个清晰的界限。在社群中的体验不是被动的——会员们可以选择去演讲或推销、做志愿者或创作活动标志。他们从根本上对活动产生影响力。每一次参与都会给自己带来技能的提高，可以扩大自己的创意圈。所有人都在同一个旅程上，朝着同一个方向前进，分享着同样的创造力和灵感带来的价值。

　　令人惊讶的是，蒂娜最大的优势并不是她的设计技巧。事实上，这几乎不需要或仅仅需要一点儿技巧就够了：她的优势在于持续性。如果人们仅参加过一次活动，然后再也见不到对方，那么他们几乎不可能感受到社群意识。我们希望建立的关系会随着一起度过的时间，尤其是通过持续性的日常活动（ROUTINE）而加强。宗教团体是通过每周日的活动实现这一目标的。基督徒有主日礼拜；对穆斯林来说，星期五被称为 Al-Jumu'ah，意思是"集会日"。这种持续性为人们提供了一个相互见面、参与仪式和加强联系的时间。这是他们增强社群意识的机会。此外还有一些分支活动，例如整个一周都有聚会的祈祷小组、做志愿者或团体旅行和帐篷聚会，还有如每个人都可以参加的犹太教赎罪日活动。

　　社交团体也有类似的结构。体育迷可能每周都会去当地的酒吧观看他们支持的球队比赛；亲自到场观战者属于另一个支派；到了本赛季的最后一场比赛，每个人都会观看，即使他们的球队不参加比赛，这就是帐篷聚会。同样，"创意早晨"、影响者、慧俪纤体和美体健身团体的优势都在于其社群聚会的持续性。

　　团体活动可分为下面三个基本类别；你只需要专注于那些能助你达成目标的。

➢ **旗舰活动**：这属于最持久型的体验；它每周、每月或以其他固定节奏发生。对于影响者来说，这就是影响者晚宴；像南非国家橄榄球队这样的运动队会定期训练，而他们的球迷可定期欣赏比赛；宗教团体有教会活动；"创意早晨"有他们的早间活动。对于某些组织而言，此活动类似于社群的入会仪式或公司的上岗培训；对于另一些组织来说，它是主要的联系平台。

➤ **分支活动：** 这些是第二级活动项目；他们让其子团体有机会围绕会员所关心的事件、经历或主题聚在一起。就"影响者"来说，我们每年举办 7—10 次定制活动，我们会与外部公司合作举办，例如"味道审美早午餐"。每一到两个月，我们都会为性少数群体（男女同性恋、双性恋、跨性别者、酷儿、双性人、无性恋及其他）社群的会员举办一次"骄傲健身"活动，以及举办一次"影响力女性"活动，我们还有其他一些针对有色人种、非营利组织和市场营销人员等群体举办的活动。"创意早晨"还推出了实地考察活动，其会员可以在办公室接待其他人，与其分享公司的情况。

➤ **大型聚会：** 这些是大型的年度或季节性活动，有时被称为帐篷活动。美式足球有超级碗，喜欢超级英雄的粉丝们有动漫展或期待已久的电影上映，在"影响者"那里我们有聚会和"灵感文化沙龙"系列。

在大多数情况下，根据你希望创建或加入的社群的规模，你所需要的只是一个旗舰活动。"创意早晨"通过他们在世界各地持续运行的单一活动模式来实现其目标。在某些时候，他们选择实地考察，这是一种让社群会员更多参与而无须蒂娜本人每次都出面的好方法，但无论搞不搞实地考察，社群都运营得很好。考虑到会员的规模，他们也可以每年都举办一次大型聚会，将来自世界各地的创意人员聚集在一起，但由于不向客人收费，所以他们要么找到一个大的赞助商，推出令人难以置信的志愿者计划，要么改变规则向大家收费。

目前尚不清楚大规模的活动模式是否会比现有模式更好地帮助人们实现目标。一般来说，除非它真的为你服务，否则其规模不要过大。超大的规模意味着更多的时间、费用和潜在问题，因为这种活动往往只能每年搞一次，做不到每周或每月进行。

这也是我通常推荐的方式。一旦你开发出了一种标准格式，无论是面对面的还是在线形式，都要先运行几次，确保它能运作起来，并不断改进。这就意味着要创建有效的路径并应用影响力方程式。第一次你不可能做到完美，但随着时间的推移，你会逐步对它进行完善。如果标准格式已经定员 50—100 多人，你就不需要搞更大的聚会，但可以考虑开展分支活动。如果你一次接待 20 人以上，并且每次会员都有变化，并没有一个固定人群（每次都是相同的人），那么你的客人会希望彼此见面。这也是大型聚会能带来社群感的地方。通常最好从小规模起步，然后逐步扩大。这样压力较小、更加令人愉快，因为大型活动可能是后勤的噩梦，会导致后勤人员精疲力尽。

如果我们在举办过一次"影响者晚宴"之后没再邀请人们回来，那么客人可能会觉得彼此之间或只与我之间存在着联系，但却不会有社群感。因此，我们开发了"灵感文化"，即"影响者沙龙"作为一种大型聚会形式，这样我们就会一直有机会邀请人们回来并让他们彼此再见面。

活动的持续性至关重要。如果你想招待的人这次很忙，但他们知道还会有下一次活动，或者再下一次，这就给了他们一种安心感，而具有固定结构、持续长久的社群也体现出了凝聚力。想象一下，你在公司销售部门工作，每周可以与朋友和一些潜在客户进行一次新颖的聚会。这种聚会为你提供一个始终如一的互相联系的理由，而非仅仅是在推销你的产品。当大家来参与时，你可以与他们建立关系，并且，由于具有持续性，当他们有需要时，也会最先想到你。"创意早晨"之所以成功，正是因为这种持续性和不断的改进完善。

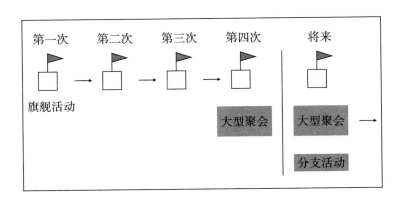

随着"创意早晨"社群在过去12年的发展，蒂娜找到了一个让自己和其余无数人感到宾至如归的地方。找到"同类"也带来了难以置信的职业机遇。蒂娜现在经营着几家成功的公司，包括一个创意者们联合办公的空间、一家非永久型文身公司、一家咨询公司和一个不断发展的个人品牌。她不仅影响到无数人的生活，而且还获得了成为社群一员的所有美妙好处。她的设计师身份对此有帮助吗？当然有，但请记住，在早期，她是一个没有钱的移民，几乎不会说英语。她拥有的设计知识可能也对此有所帮助，但最让她成功的是她的持续和坚持。从百吉饼不怎么新鲜的首次活动以来，她已经连续12年每月举办一次"创意早晨"活动。这样做是因为她玩的是一个无限游戏。这个概念听起来可能有点奇怪，那就让我来解释一下吧。

1986年，詹姆斯·P.卡尔斯出版了一本极具影响力的书，名为《有限与无限游戏》。在书中他提出，在生活的各个方面，我们都在玩这两个游戏中的某一个。有限的游戏有开始和结束，你为赢而玩，有拟定的规则（例如：你能玩多长时间，什么才叫赢）。篮球就是一场有限的游戏：一旦规定的时间到了，比赛就结束，得分最多的球队获胜。然后，人们可以根据需要重新开始游戏，但第一个游戏已经结束——因为它是有限的。

相反，无限游戏没有终点，也没有商定的规则，所以不存在赢家或输家。人们参与其中是为了享受游戏的乐趣，目的是让游戏尽可能地持续下去。婚姻就是一场无限游戏；

你进入婚姻不是为了比你的邻居或朋友更胜一筹。你参与其中是因为它给你带来价值。请注意，婚姻并没有普遍适用的规则——每对夫妇的表现都不一样。它是一个无限的游戏，你会尽可能地坚持下去。一代代人会前赴后继地参与这个游戏。

和婚姻一样，人际关系、社群、信任和归属感都属于无限游戏。玩这些游戏是因为我们能从中获得快乐。归属感就是它本身带来的回报。试图去赢是荒谬的，因为不存在什么赢的办法。拥有了更大的社群并不意味着你赢了；你也可以在一个符合自己价值观、彼此联系紧密的小型社群中快乐地生活。玩游戏本身就是奖励。虽然你的影响力会随着你的参与而增加，但它只是一个副产品，不是你的目标。

正如作者西蒙·斯内克指出的那样，当人或组织玩错了游戏时，其结果可能是毁灭性的。当大众汽车为了让自己的产品看起来更好而伪造汽车排放结果时，或者，当富国银行为客户非法开立银行账户时，他们可能获得了短期收益，但当他们的欺诈行为曝光时，双方的声誉都会受到难以置信的损害。这些公司身处无限的商业游戏中，但他们却按有限的游戏来玩。他们的目标应该是尽可能长地保持游戏并尽可能长地参与游戏。相反，那些高管们却变得贪婪起来，只要能赚得意外之财，他们就不在乎自己行为的后果。同样，如果我们将社群视为有限游戏，它就会从体验归属感变成一盘国际象棋。基于每个人都有价值，如此一来他们会成为我们用来达到目的的走卒。最终，我们建立的信任和社群意识就会分崩离析，我们也就失去了那个我们为之辛苦奋斗的核心价值。

这就是蒂娜·艾森伯格、珍·尼迪奇、科斯·马尔特和本书中介绍的其他组织者的令人瞩目之处：他们玩了一场无限的游戏。他们明白，通过社群来玩游戏，生活会得到改善，我们会达成我们所关心的事情，无论是变得健康、在业务上取得成功、促进事业，还是找到最好的朋友。这也可能意味着，某一天，你会遇到令人难以置信的新客户、捐助者或朋友，并与之建立联系，这会让你有赢的感觉。而在其他一些时候，人们相处不融洽，或者你的会员因搬到另一个城市而无法再加入社群，此时你可能会觉得自己输了。越是在这个时候，越要记住你正在玩的游戏的本质。在这里，数字并不重要。重要的是尽可能长时间地参与、联系和玩下去。游戏本身就是一件礼物；正是在游戏时，生命的奇迹才会发生。多年来我一直在玩游戏，以下原则对我很有帮助，我希望它们也能帮助到你。

## 让一切从仁爱开始

如果做不到心怀仁爱，我们是不可能建立有意义的联系、发展出社群意识的。我们或许能在短期内与他人建立联系，但从长远来看，当我们自私的意图暴露出来时，我们的信誉就会被破坏。我们从联系中获得的所有社会、职业和健康方面的益处都将分崩离析。我并不是说我们需要纯粹的利他主义。如有人向我推销产品，这很好，但我希望销售人员能把我的最大利益放在心上。如果我被要求支持一项事业，我希望该非营利组织先了解如何尊重我的捐赠。

## 归属感和家的感觉

我希望你明了那种见到老朋友时兴奋的感觉。这种老朋友就是：你可以对他们说任何想说的话，却不必担心你会被评判。不幸的是，这种心理上的安全感太少见了。当谷歌公司想了解什么能让团队高效运行时，他们开展了一个名为"亚里士多德计划"（Project Aristotl）的研究项目。[1]我们通常认为，最高效的团队，尤其是在谷歌这样的公司，是由 5—10 位来自各个专业领域的超级巨星组成的。这些超级巨星的智商总和达到 10 亿，并且，他们可能从开始说话以来已赢得了所有人生的奖项。但是，这个研究的发现令人惊讶：团队是否高效的第一预测指标是所谓的心理安全度。那些感到安全的团队愿意承担风险并承认不足。正如我们所了解的，正是有了示弱循环（vulnerability loops）才建立了彼此的信任并让人们感觉联系更紧密了。如果一个团队在说错话或做错事时仍能感觉安全的话，它会胜过那些拥有更多思考能力的团队。这并不意味着每个人都应该成为你社群的一部分。谁是小组会员由你决定，但那些已经在小组里的人应该拥有安全感和归属感。

## 创建平台并见证社群成长

一个人的社群感来自他们自身；这不是别人可以给予的。但是，我们可以提供一个平台，人们能够在此聚集、共同经历将他们联系在一起的体验。请记住，你的社群已经存在；他们只需要一种联系和聚集的方式。你要设计一条路径使人们找到自己的路，在这条路的尽头，他们会体验到一种归属感，一种回家的感觉，一种和那些尊重他们所珍视的价值观的人们在一起的感觉。这是每个人都变得更好的源泉，也是你培养影响力的源泉。

## 提供入会体验

入会仪式要使人们感到：他们已经克服了路上的障碍，成了其中的一员。正如我们在"姐妹联谊会"中看到的那样，入会过程越紧张刺激，团体中人们的关系就越紧密。尽管如此，还是完全没有必要让大家做任何让人感觉痛苦的事情（无论是社交层面的还是身体上的），比如第四章中提到的子弹蚂蚁或凿牙齿。在"创意早晨"，你会被邀请在演讲或表演开始之前站起来自我介绍以便大家熟悉你。这是一种欢迎所有参与者的惯常做法。对于"影响者"来说，简单地来吃晚饭和一起做饭就是入会仪式。一旦完成这个仪式，他们就成了"内部"会员，可以加入我们的任何一个沙龙。他们会留在我们的永久邀请名单上，而且会一直受欢迎。

## ABCD 模式：基于资产的社群发展模型

当一家大公司缺乏某项技能时，他们可以雇人，但在社群中，寻找具有特定专业知识的人并让他们能够适应，这种事情要复杂得多。事实上，强大的社群倾向于遵循基于资源的社群发展（ABCD: asset-based community development）模式。ABCD 模式建议：不要专注于你所缺乏的东西，而是从会员们已经拥有的技能和资源中得到发展和成长。这种方法使会员能够做出贡献并为自己的创造感到自豪。发展更强大的公司文化也是如此。使用 ABCD 模式将产生更大的投入感和联系感。

我想指出的是，与人联系或许是一场无限的游戏，但这并不意味着你需要一直去聚拢人。你可以尝试先举办一两个活动，看看你是否喜欢它。你还可以选择加入其他社群并参与其中的活动。无论你选择什么，都确保它是适合你个性和目标的方法。我个人比较喜欢更私密的活动；蒂娜在聚集大型团体时受到了极大的启发。对你来说，可能只需要两三个人就够了，甚至，和朋友一起去远足即可。你应该做适合自己的事情。为了说明这一点，第三部分将讨论我们应如何应对各种类型的社群，这些社群类型包括社交型、商业型、事业型和企业文化型。随着网络的流行，我们还将探讨面对面以及通过数字平台聚集人们的不同之处。尽管所有这些主题可能并不直接适用于你，但这些示例仍然可以激发你的思考并为你提供某些灵感。

第三部分

# 应用于生活

在本书中，我分享了很多例子，我想确保你用这些工具能应对你想达到的目标，无论是创建社群还是与你喜欢的人建立联系。你可能希望将人们聚集在一起探讨某些想法，或者你想为一大群非常忠诚的现有客户、支持者或捐助者组建一个大型团体。虽然在生活中没有多少东西可以完美地进行归类，但为了简单起见，我们将探讨以下四种情况：社交型社群（比如建立朋友群、举办受爱好驱动的活动等）、事业型社群（如宗教、社会正义、支持团体等）、商业型社群（如客户开发；特定行业，如建筑行业中的所有人员；特定职位，如来自不同行业的 CEO 等）和企业文化型社群（如加强团队的纽带、保持联系并有效发挥作用）。你会注意到，没有哪个社群会完全适合这些类别。人们在蒂娜的全球"创意早晨"系列中围绕创意进行交流，所以它是社交型？或者，它是商业型？因为它旨在让创意人员增长知识并取得成功。答案是，既是社交型也是商业型，但是属于什么类型其实并不重要，重要的是这种分类使我们能够以有组织的方式梳理出想法。

无论客户想建立哪种社群，当客户要求我们为他们做设计时，我的团队和我自己都会提出以下问题：

1. 你希望与谁建立联系？他们的影响力程度将决定你的联系策略。

2. 你是想做单一活动或小型活动（如插花活动、生日 / 聚会、品牌发布会等）？还是想通过数月 / 数年的活动过程建立起社群意识（如红牛音乐学院、影响者、创意早晨等）？

3. 你想一次联系多少人？这个规模应该与你的个性、你想要联系的人以及你的目标一致。请记住，你想联系的人越有影响力，就越难聚集到很多人。

4. 在为大象和骑手设计路径时，你希望他们最终达到的感受、思考和行动是什么？这就是凸显组织价值观之处。如果你或你的组织觉得它不真实，它就无法实现你的目标。请记住"峰终定律"以及我们在"味道审美早午餐"结束时送花的方式。

5. 这些价值观和你所关心的一致吗？如果你计划多次举办该活动，其价值观必须与你相一致，否则你不会想再继续这样做下去。

6. 你会用什么样的初始方式吸引观众参与来达到你期待的会员类型？请花点时间将这点考虑清楚；在找到好的想法之前通常会有一大堆糟糕的想法。

7. 你会使用什么发现方法来让人们参与这项活动呢？

8. 你还能在哪里进一步实践影响力方程式呢？

9. 根据我们对人类行为的了解，这条路径会吸引骑手和大象吗？

10. 这条路径合乎伦理吗？当一个陌生人知道了你是如何设计它的，他会感到不舒服吗？如果会，那就请重新开始。

对你来说，最大的挑战是创造一种新颖的方式让人们围绕你的核心价值观进行互动。在接下来的内容中，我将分享我们在商业领域、组织文化、非营利组织和个人社群中应用的这种方法，希望能激发你的创造力，并给你以激励。

## 第十七章

# 商业型社群：兴趣与自我表达

很少会有人认为在线客户管理软件是性感的。然而，2019 年赛富时公司（Salesforce，又称软营）估计他们在年度大会上接待的人数超过了 17 万人，此年度大会名为"梦之力"。从这个角度来看，消费电子展，即 CES（the Consumer Electronics Show）作为世界上包括三星、索尼、微软和苹果在内所有电子公司都会参加的展览会，其参会人数也就是仅比"梦之力"的人数多一点的 18.2 万人。赛富时的年收入达数十亿美元，取得了令人难以置信的商业成功。尽管赛富时的竞争对手的收益更多，但他们的年度大会既没有达到"梦之力"的规模，也不像赛富时社群那样拥有那么多的狂热粉丝。当我作为观察员参加"梦之力"年度大会时，有时感觉它更像动漫展而非产品推介会。

那么，为什么赛富时能够发展出如此专注的社群呢？答案在 MC 哈默身上。是的，就是那个 90 年代初穿着宽松的裤子、屡获殊荣的嘻哈艺术家。当哈默与赛富时首席执行官马克·贝尼奥夫会面时，他向后者讲述了街头团队的事。在音乐行业，街头团队会在当地城市的街道上进行促销和海报宣传，以增加人们对即将发行的专辑或巡演的关注。再加上与葛培理牧师的会面，贝尼奥夫看到了传播福音的力量及其将客户变成本地推广者的潜力。

公司成立初期，赛富时举办了一次全国性大巴巡展，邀请本地客户和潜在客户齐聚一堂。贝尼奥夫原本打算先进行产品介绍，再集中回答问题，但客户们非常热情，他们纷纷替他回答、宣传产品。与和他联系相比，客户更感兴趣的是相互之间的联系。这使得贝尼奥夫作为旁观者看到了社群在慢慢聚拢成形。此后，这种体验方式一直存在，随着赛富时的发展，公司将为客户、爱好者、开发人员和合作伙伴提供聚在一起的机会作为优先考虑的事项。

作为优先聚焦于社群的一部分，赛富时进行了大力投资，以确保人们尽可能地感受到自己受欢迎。他们设计本地活动，以便客户可以分享诚实的反馈和评价，这种透明度赢得了潜在客户的青睐。赛富时发展了一个内部社群团队，鼓励并协助组织聚会，为粉丝团体提供支持，甚至开发出程序和资源来帮助本地爱好者举办活动。

在过去的 12 年中，萨拉·富兰克林一直领导着这个赛富时社群团队。他们的共同责任是确保社群的核心价值观始终得到体现；他们的任务是让会员相互联系、共同学习、一起玩乐并相互慷慨给予。对他们来说，慷慨即意味着对彼此和本地社群的奉献。在许多公司，这些标语口号也曾被提出来，旋即又被遗忘，但对于富兰克林和她的团队来说，这是他们对一切活动设计一定要提的要求，无论是线下的还是线上的。

该团队甚至花费惊人的成本创建了一个名为"起点"（Trailhead）的免费在线培训计划。该网站为初学者提供了一种简单的方式来学习如何使用赛富时平台及其程序。他们知道每个社群会员的旅程都是独一无二的，于是设计了许多不同的起点路径来支持人们找到适合自己的方式，而且，赛富时还在不断地完善该过程。当人们通过"起点"后，每完成一个挑战或课程都会获得奖章奖励，该计划已帮助无数人改善了他们的职业生涯，有人已开始了新的职业篇章。比如，一个寻求职业转变的理发师成了一名程序员，一个失业的父亲曾靠卖血浆为家人购买食物，现在，他是一个能够负担得起全家度假费用的项目经理。

赛富时知道，如果没有人在场回答问题，那么学习技术技能会令人生畏，因此，他们在计划中构建了社群体验。从注册的那一刻起，会员就会被邀请参加在线社群和本地聚会。这种创建社群路径和社群意识的意向性极为明确。他们已经将自己的核心价值观融入全球一致的社群结构和路径。凭借这种设计，他们在吸引社群影响者方面取得了如此令人难以置信的成功也就不足为奇了。

那么，当我们创建一个商业型社群时，它会是什么样子的呢？一如既往，答案取决于你想联系的对象和规模。它肯定看起来不再像是传统的冷冰冰的打电话，你寄希望于打电话那一刻你的潜在客户正好需要你的产品。相反，我们开发一条路径并非常有效地运用影响力方程，使得客户期待收到邀请。我们希望他们通过参与获得尽可能多的价值，并建立尽可能深厚的社会关系，因为，这不仅可以改善他们的职业生涯（就像赛富时社群所做的那样），而且，当他们需要你的服务时，你是一个值得信赖的来源。一旦你建立了这样的一个模式，你就可以持续地运行并改进它。最终，你就能发起一个聚会活动，让人们重新聚在一起。

由于不同行业的商业社群差异很大，我建议你找出哪些客户适合哪些影响类别。例如，如果你在一家全球咨询公司或会计师事务所从事销售或营销，那么对你来说，具有全球影响力的客户可能是世界上最大公司的首席执行官或总裁。同时，行业影响者可能是最高管理层或副总裁，而社群影响者可能是董事。你需要对客户进行分类，因为不同行业的职位头衔大相径庭，而且，并非所有拥有相同头衔的人都具有同等影响力，他们也并非都经营着相同规模的组织。如果是在非营利组织中，你可以使用相同的方法对捐赠者进行分类，然后确定与他们建立联系的最佳方式。

在将客户按影响力分类后，你就会看到你需要与多少团体建立联系了。在大公司中，可能有 20 多个计划或策略同时运行，因此，你可能会希望你的策略不仅适合客户的影响力水平，还符合他们与品牌互动的需要。像思爱普（SAP）这样的全球软件服务提供商，它销售的产品多至几乎无法追踪。它提供会计软件、人力资源软件、供应链和托管服务等所有内容，而且客户各不相同。对于像思爱普（SAP）这样以如此大的范围和规模运营的公司，这也意味着他们可能希望为每个客户群开发单独的社群。有用于人力资源专业的社群；有用于会计部门的社群；可能还有用于受监管行业的社群，如政府和制药公司等。因此，我鼓励那些拥有不同销售团队的竖井式产品系统的公司开发自己的项目，但社群要建立在相同的原则和价值观之上，这样才能在品牌上保持一致，并向客户传达统一的信息。

现在，你应该知道你需要关注多少小组（如会计、人力资源、供应链等）以及针对每个影响级别使用什么策略了。这可能即意味着，在每组中要有两个或三个社群，这样你可以与全球、行业和社群的影响者建立联系，尽管对于大多数公司而言，他们只需要与行业或社群影响者建立联系就够了。接下来，你需要问，我们该怎么做？与其用一个接一个的电话或电子邮件淹没他们，你需要开发一种数字的或亲身的体验，以吸引他们建立联系并培养我们想要的会员类型。你要对其进行几次测试，要获得来自忠实客户的反馈，然后将其作为持续活动系列推出，欢迎人们加入社群。对于保险销售人员来说，这可能是一对一的视频聊天，而对于推销人力资源服务的人，则可能要为首席人力资源官策划一个社群活动。一旦你觉得参加者已经达到了一个关键的数量，你就可以启动聚会活动。这些活动不仅会让你思路领先，而且你的客户或潜在客户之间的联系越多，他们与你的距离就越近。你就成了社群的中心枢纽。

人们常常感到惊讶的是，以个人身份培养商业型社群比利用大公司的资源和地位来得更容易。根据公司的不同，人们可能会陷入传统的企业思维模式，因此，必须克服两个挑战。首先，大公司的最高管理层往往会认为他们与"客户社群"的关系很好。但是客户不这么看。客户很可能喜欢销售人员，但却没有社群意识，因为他们之间彼此不认识。这严重限制了客户与品牌的联系以及品牌的影响力。如果你提供的产品很好，则不必担心聚集客户的事，但许多公司仍会避免这种做法。第二个挑战是，高管倾向于认为他们当前的系列程序运作良好，所以并不想改变它。老实说，如果维持现状是他们的策略，那么当有人提出其他选择时，他们自然会采取防御措施。问题是，他们可能花费了一大笔钱却没有得到他们想要的结果。

全球销售组织每年会举办数千场活动、花费数百万美元以吸引客户的情况并不少见。市场人员和销售人员不是科学家，因此期望他们了解人类行为是不公平的。企业界的许多策略都是标准运作，如果对你有效，那么请继续遵循它们，但如果想拥有更大的社群感，你可以采取一些措施。

## 高档晚宴

在向客户示好时，在高档地点举办私人晚宴是通行的做法，这可以吸引他们或在活动后建立联系。在我看来，晚宴通常是一种浪费，尽管我成功举办了一系列晚宴系列，带动其他品牌和机构也开始举办类似标题的晚宴活动。需要明确的是，我想他们并非在试图复制我的做法；晚餐或人们在晚上下班后会面的概念并不是我发明的。那为什么这些机构都做不到"影响者"晚宴那样长久呢？因为这与晚宴无关；重要的是大家一起做饭和围着桌子游戏的时间。鉴于标准商务晚宴的结构特点，它很难让人们建立持久的联系。

以上问题源于这样一个事实，即任何超过四五个人的小组都会分化成子对话或亚团体。由于桌子的宽度和房间内的噪声情况，人们有可能无法听到对面的人的说话声。因此，你会被限制在只能和坐在你左右两边的人互动。而很有可能这两个人对彼此没有足够的兴趣，所以持续交谈两个小时是不合情理的。更为麻烦的是，你能坐在你想与之说话的人旁边的可能性很小。因此，这就会产生一种不舒服和无趣的体验，而不是一种信任和友谊。如果晚宴是必须举办的，请考虑不同的用餐形式或就餐人数，并设计一些活动来让他们彼此建立信任。我参加过每道菜都要换座位的晚宴，还有些是家庭聚会式的，但你不能为自己取食。还有一次，我带一群人参加美食之旅，我们参观了六家餐厅，并从每家餐厅都享用了一些食物。举办晚宴的方式有很多种，如果能在促进客人互动的背景下提供食物，这可能会更好地满足你的目标。

## 赠送礼物

看起来我似乎是反对送礼的，因为接受者没有付出什么努力，但事实并非如此。主要问题是，几乎所有的公司礼物都是不受欢迎的。没有人会对一件印有你公司标志的衬衫或另一种惬意的啤酒感兴趣，它最终会被扔进垃圾堆。相反，我们需要仔细考虑要将礼物送给谁，为什么这对他们很特别，以及你和你的公司为什么要送它。我与名为"礼品概念"（Giftology）的礼品公司合作，这是由我的好朋友约翰·鲁林（John Ruhlin）创办的。我让他们帮我制定策略并执行送礼的事情。该公司制作了各种产品，从定制的有雕刻图案的厨刀到手工制作的咖啡杯，而且这些咖啡杯的设计都印有收件人想传达给亲人的信息。作为一个拥有经营私密餐饮经验的人，你可以看到，这些礼物不仅与我的工作相一致，而且也是高品质的珍贵礼物，可以经常被使用到，并借此提醒对方我是谁。送礼是一个值得一书的复杂话题，但我建议你停止发送没人想要或不会引起注意的垃圾礼品，而是咨询像"礼品概念"这样的专业公司，帮助你找到适合你的公司和客户的东西。错误的礼物会浪费预算，而正确的礼物会吸引人们的注意力并增加相互间的信任、联系和归属感。

## 举办派对和大型促销活动

这类活动对与会者来说可能很有趣，但它们也都给人雷同感，如巨大的空间、嘈杂的音乐、各种饮料、照相亭、一些带有公司标志的海报架。2018 年，我被要求为世界上最大的科技公司之一设计一个私人产品发布会。他们将要发布一款开创性的产品，想要呈现一些非常特别的东西。

与以往一样，我首先询问他们想要达成什么目标，与谁一起，想要多少人参加活动以及预算是多少。他们说，要花费 20 万美元在 200 位有影响力的人身上。我傻眼了。我不明白他们打算把这笔钱花在什么地方。他们说希望请到一个著名的乐队，并向客人提供一流的食物。于是，我教他们用 10% 挑战法，这是确定你的活动预算是否合适的最佳方法之一。这个方法是：如果他们只有目前预算的 10% 的费用，他们怎么做才能得到相同的结果呢？比如：让他们花两万美元搞一个同样的派对，那就只需要一个打碟人（DJ）和不那么令人印象深刻的食物。你会注意到，他们的任何想法都没有将客人与品牌联系起来，所以，在只花 1/10 预算的情况下，客人们基本上也会拥有相同的体验。在这种情况下，为什么不将这个活动举办十次以覆盖更多人或将剩余的预算用于其他营销工作呢？所以，我们再次尝试了 10% 挑战法：他们说可以花 2000 美元来举办一个 15 人参加的晚餐。如果晚宴设计得当，相对于喧闹的聚会，参与者可以进行更亲密的交谈，建立起更深入的联系。注意，这样他们的总预算额就可以搞一百次晚餐了。我们最后又做了一次挑战。用 200 美元的预算，他们认为什么都做不了，于是我建议他们举办一个棋盘游戏之夜，并订购一些便宜的食物。请注意，这个体验可能是最有趣的（客人可以与很酷的人一起游戏），而成本只是实际预算的千分之一。我明白这在品牌宣传上可能不会产生效果，但这是一个很好的测试，看看你是否充分利用了预算。

当进一步挖掘他们的期望时，他们最终告诉我们，他们关心社交媒体上的发帖量和品牌之间的联系。这才说到了点子上。作为一家公司，围绕你关心的指标进行构建非常重要。有时，这个指标是与会者人数多寡或总销售额；而在其他一些时候，它是社交媒体帖子的反应度或调查反馈率。无论是什么，你都必须确保在设计活动时考虑到它，否则你的公司不会支持该计划。

最终，我们决定创建一个身临其境的互动式艺术架构，由熟知品牌和产品价值的思想领袖做演讲。过后，该公司汇报说这不仅是他们举办的有史以来最大的社交媒体发布会，而且用一位客人的话说："我进来时以为会是一个标准（而无聊）的发布会，却发现人们在那里真的很享受并期待参与。我参加过很多活动，却从未见过这种情况。大多数聚会都是那种让人在晚上参加了一次就忘记了的活动。"我们之所以做到了，是因为我们为人们的大象和骑手开辟了一条路径，并带给他们一种归属感。而最棒是，不包括支付给我们的费用，活动总共只花了两万美元。10% 挑战法成功了。

在太多的时候，公司认为他们需要举办一场盛大的派对来发布和宣传产品，但我知道，产品发布派对很少会实现显著的销售预期或媒体效果。我知道，这种类型的大型活动可能对公司伦理和文化很重要，但我们希望能确保在开始大力投资之前先了解举办聚会活动的目的。对客户团队表示感谢非常重要，但不应将其与营销和销售相混淆。我们需要考虑公司到底愿意花多少钱与潜在客户建立联系，因为花出去的这些钱通常会与投资回报不符。如果你不能证明支出是合理的，你就会失去这笔预算。关键是，总有创造性的解决方案可以帮助彼此建立更有意义的联系。这可能需要更多的思考和脑力劳动，但其成本往往要低得多。有时，最好的促销或宣传机会是聚会，但你必须设计这种体验来获得你想要的。如果不能培养出社群意识或会员意识，那你每次都得从头开始吸引人们。

在此，我要讲一个关于消费的小故事。几年前，一个高级酒店品牌找到我，他们想创建一个名人夏令营。想象一下，这是一个由行业领导者带领的为期三天的营地活动（例如：由一名全副武装的海豹突击队员带领的游泳课，或者由一位著名摄影师主持的艺术课）。由于该活动涉及名人和著名艺术家、制作人、音乐家等，因此在时尚杂志 Vogue

的报道下，它在网上流传开来。从品牌的角度来看，尽管花费了数十万美元，但媒体的报道使这个活动取得了成功。从社群的角度来看，我们可以 1/10 的成本实现相同级别的客户联系。但这里有一个关键点：他们衡量成功的标准是媒体，而不是客户联系或销售，成本较低的版本可能符合也可能不符合杂志的报道标准。因此，你需要问自己：获得此结果值得吗？如果公关价值在短期内是值得的，那这么做可能有道理，但从长远来看，你可能希望更多地关注人际关系和创造新颖的低成本体验，而不是仅仅看起来盛大和华丽就行。

## 会议和行业峰会

当你已拥有全球客户基础以及数十亿美元的收入时，年度会议就是一次发布公告、与客户会面和维持关系以及提升销售的绝佳机会。而峰会往往属于中型规模的活动，由来自同一行业或拥有同一头衔的人们（例如 CMO、CFO、CIO 活动，石油和天然气行业，消费品包装行业）参加，规模在 50—500 多人。

我完全赞成这些类型的聚会，只要它们旨在以一种有意识的方式将参与者与品牌彼此联系起来。不然，为此需要投入的工作量会很大，从财务角度上看非常昂贵，另外，从人力资源的角度来看也是如此。在此，你需要问这样一个的问题："我们怎样才能以更少的物流和费用来实现同样的商业影响呢？"这就像 10% 挑战法一样，但还要将资金预算和员工为此所花费的精力和时间都包括在内。也许，你可以举办一个小型系列活动，使你能够以极少的成本与客户建立更多联系。招待更多的人并不一定更好。通常，你只需在少数对你很重要的人和你想要完成的事情之间建立关联，而不是让无数人跑来一趟，最后却几乎记不住你或你公司的品牌。

## 名人活动／见面会

品牌公司通常会聘请一位受欢迎的名人作为活动演讲或表演的引子。当潜在客户到来时，销售人员会利用这个机会谈论公司情况。不要误会我的意思，我当然很喜欢接待知名人士，但潜在客户过来听他们演讲有可能只希望得到一张有名人在场的自拍。他们可能并不关心你的产品。你可以邀请很多名人，甚至整个房间里都是名人，但你需要问自己：这些名人与你的品牌和产品有什么关系？你下面打算做什么呢？

当名人与品牌之间没有明确的关系时，品牌就会失去真实性，而顾客大多了解到的是该品牌非常善于花钱。事实上，你最大的竞争对手下周很可能会邀请同一位名人代言。如果是这样，就体现不出明确的品牌价值了。我曾经在迈阿密参加过一个酒类品牌的派对。先是举办了一个艺术展览，接着，一位著名的音乐家出来唱了一首关于纽约的歌。想想吧：没有人会将艺术展上的作品与某个酒类品牌联系起来。该品牌也不以总部位于纽约而闻名（事实上，它在另一个州），与这位来自纽约的名人或她的慈善机构也没有任何关联。我记住这个品牌的唯一原因是整个场景活动对品牌宣传没起到什么作用。请记住，我们的目标是通过为大象和骑手开辟一条路径来使人们建立深厚而有意义的关系。我不确定名人活动是否能做到这一点。坦率地说，这很像你与某人约会，承诺要带对方去看一场昂贵的演出一样。如果你邀请的人只是来看演出的，那么这次活动的目的以及你期待的约会前景可能就很黯淡了。

另一个并不算小的问题是，当你聘请名人时，你会吸引到大量的参与者，但当下次你想与客人交流时，你可能需要找一个"更有名"的名人。这也意味着要花更多的钱，现在你正在就名人的出场搞竞争，而不是让人们来你这里建立联系、享受以有意义的方式来代表品牌的体验。

在此做一个关于名人才华的旁注：在给人惊喜和吸引人之间存在着战略层面的差异。如果我在邀请函中宣传一位名人，与会者就会为名人而来，但如果我宣传的是一个活动，并且提供一个基于该品牌的名人出席的惊喜，那展示的就是品牌的创新、风格和理念。如果你使用这个策略，我推荐如下两件事：首先，聘请不太出名但才华出众的人（例如，崭露头角的音乐家、魔术师或表演者，而不是大卫·科波菲尔或泰勒·斯威夫特）。接触到尚未闻名遐迩的人才可能更令人印象深刻。其次，你可能需要不时地转换风格，比如这一次你请了一个魔术师，下一次则请一个调酒师教你如何制作鸡尾酒，等等。这样你就不必（在聘请名人出场方面）和自己竞争了。

## 专家讲座 / 网络研讨会

某些主题专家，如撰写有关生产力的作者或研究行业状况的经济学家在这些活动中提出了他们著名的思考或洞见。我对此的感觉是很复杂的。一方面，我可以清楚地看到这与品牌具有一致性；但另一方面，我又感觉这和邀请名人是同样的性质：你的竞争对手也可以聘请他们，而且，这些人的想法并非来自你的公司。所以，我在此想问几个问题：在贵公司，有没有可以分享独特观点、数据或知识的人呢？有什么方法可以与思想领袖合作，使其成为你们共同创造的知识，可以借此分享你们的前瞻性思维方法或品牌呢？这也是为什么作为演讲者，我会为每个客户创建一个新的演讲。我想确保客户的价值观得到体现，并确保我们为听众设计了正确的路径。

另外一个重要的考虑因素是，大公司的 C 级主管[1] 和决策者不可能将时间花在网络研讨会上。你如果想与他们建立联系，就需要围绕新奇、慷慨、策划和震撼进行设计，

---

[1] 他们是组织层级最高层的员工，公司由他们做出影响整个业务的关键战略决策。——译者注

在大多数情况下，这也意味着要有更多的参与者。

到目前为止，我已经提供了很多关于如何扩展当前策略的示例，现在我想向你展示当我们从头开始创建时它是什么样子的。

2017 年，世界上最大的科技公司之一找到了我。他们有几个目标要达成，其中包括与知名创意者和商业领袖建立有趣的合作关系。该公司希望自己的社群能够产生积极的影响并激发创造力。围绕这一点，我们举办了一项旗舰活动，专注于那些能改善世界的创造性方法。我们邀请了奥斯卡奖、格莱美奖和托尼奖的得主与科学家、艺术家、博物馆馆长和商业领袖进行交流。20 位嘉宾会在自己的工作结束后来参加我们的活动。我们将他们分成四组，每组五人，各组竞相寻找解决全球问题最有创意的方法。这活动很有趣，但几次下来，我们意识到，在工作一整天后再要求大家围绕全球问题搞创意有点过分。于是，我们将活动方式转换为创意游戏。在后来的各种活动中，参与者都被随机分配一些办公用具来设计房屋，通过回答一些小问题来获得积分，我们则向他们提供蜡笔和马克笔，让他们的设计风格能突出地表达出来。该项目取得了巨大的成功，因为他们不仅与品牌及其代表公司建立了联系，而且还以有趣和玩乐的方式了解了该公司。

随着关系的建立，我们邀请参与者为创意和技术的交汇项目提出想法。我们收到的想法比来自创意机构的任何宣传都有趣得多，因为这些想法来自知名创意者，地位也更高，而且使创意更加集中在项目上，而这也是他们所热衷的。想想这与举办"创意者"晚宴或聘请格莱美奖得主在座谈会上发表演讲的区别吧。

作为社群的一部分，他们的参与是一种自我表达，他们选择加入是基于兴趣，而不是因为报偿。社群给了大家真正的归属感，同时也开发出了支持所有参与者的合作项目。这个活动最棒的地方是，它的实际花费很少。嘉宾们来到公司办公室，领取美术用品，一起玩游戏，倾听有关公司的介绍。老实说，我相信这是举办活动和社群营销的未来方向。

你可能从以上案例已受到足够的启发，我在这里再举几个例子：

➤ **关键时刻**：邀请 20 位客人来吃晚饭，他们被分在四张餐桌。30 分钟后，所有的饮料都被拿走，然后给他们播放来自南非的水资源短缺的新闻。每张桌子的客人都被告知他们现在是一个需要生存下去的家庭。为此，他们分到一些脏水，需要用已有物品制作一个过滤器。活动结束后，再由海德鲁（Hydros）水过滤公司创始人温斯顿·伊布拉罕主持关于资源处理的对话。海德鲁公司就是用这个方法建立起由关心环境的客户和合作伙伴组成的专门社群。

➤ **失败者之夜**（Fuckup Nights）：由莱蒂西亚·加斯卡和佩普·比利亚托罗共同创立，这些分享商业失败者个人故事的晚会为参与者提供了诚实的、便于宣泄的，通常也很有趣的体验。[1] 这源于我们意识到，人们常常为自己的商业失败而感到羞耻，从而不敢再往前走，而失败者之夜做的是欣赏这些尝试并从失败过程中吸取教训。每次失败者之夜的活动形式都很简单：会有三到四个人陆续上台，用幻灯片分享他们的失败故事，然后是问答环节，最后是所有人一起社交的时间。[2] 这种新颖的体验现在遍布全球六大宜居大陆的 260 多个城市。我喜欢这个概念的地方在于它接纳我们的脆弱，并为它庆祝。这是创建一个值得信赖和安全的空间来发展关系的绝妙方式。

➢ **思想领袖徒步旅行**：每周一次，在圣地亚哥的多利松（Torrey Pines）州立自然保护区，一群作家和商业领袖会聚一堂，边享受令人难以置信的美景边进行益于健康的徒步旅行，而最重要的是，可以不受干扰地进行交谈和亲密的互动。这一切都始于作家约翰·阿萨拉夫某次邀请了他的朋友们和企业家们一起徒步的经历，会员中有医学博士、演员、研究人员、职业运动员以及畅销书作家迈克·科尼格斯和肯·德鲁克博士等多元化人才。这个活动不仅能促进友谊，而且能为他们的身体健康带来好处。人们无须支付费用或搞什么启动仪式；这种聚会只需来自值得信赖的朋友圈和他们的客人之间的口头相约。无数项目、新书、商业以及新的友谊和关系由此诞生。

➢ **首席运营官联盟**：1-800-GOT-JUNK? 公司 ① 的前首

---

① 1-800-GOT-JUNK? 公司：这是一家在美国各地提供全方位垃圾清除服务的公司。——译者注

席运营官卡麦隆·海罗德注意到，在企业界，首席运营官们是无名英雄。其他公司总裁们会有很多活动可参加，但首席运营官却没有。为此，他发起了首席运营官联盟，这是一个为那些职位仅次于首席执行官的人建立的私人社群。它将可用于快速增加收入、提高利润和加强企业文化的工具和系统交到实际从事这项工作的人手中。使这个社群变得如此有趣的不是其形式，而是人们认识到，有了这个平台，很多高层次的智者可以聚集在一起。首席运营官联盟以每月在线和每季度面对面的形式让来自四大洲的会员参与活动，现在，它还在继续发展壮大。

➤ **早午餐工作会：** 由宝琳娜·卡皮斯女士在我的支持下创立，是为千禧一代开发的独特的商业型社群。每个周末，由年轻专业人士组成的会员们都会涌向全国各地的早午餐地点。在享用食物和一段时间的交流之后，由两位杰出的商业领袖提出想法或接受采访。随后再将会员分成各个小组应对商业挑战。通过一起工作，他们找出解决方案，然后将其推送给发言人以获得反馈。请注意，活动的每个部分都提供了 SOAR 模型的一部分，即提供技能、机会、渠道和资源。

以上这些示例都提供了一个很好的起点，可以在你考虑如何团结你的社群时激发你的创造力。

# 第十八章

# 事业型社群：符合团体使命的方式

在建立一个事业型社群时，最重要的两件事是吸纳成员和筹款。最好这两者不要互相排斥。但是，举个例子说，如果你想解决癌症等问题，你可能希望创建一个由幸存者或正在接受治疗的人相互支持的社群，或者你可能希望筹集资金支持癌症研究，帮助那些负担不起医疗费用的人们，或制订癌症预防意识计划。

这里的关键是，要了解你的受众是谁以及你想要做什么。有些组织为他们的资助者准备了一条路径，而为他们关心的人准备了另一条路径。这有可能是一个更好的策略，因为资助者面临的社会压力可能与正在接受癌症治疗的人完全不同。

如果你希望为患者创建一个支持系统，你可能会想建立一个类似"创意早晨"那样的更像社交型社群的团体。对于任何希望本地人参与的社群来说，这种社群组织性很强，而且很容易复制。

但是，如果你还需要筹集资金并得到媒体支持，你应该怎么做呢？传统的非营利型筹款活动是由少数知名捐助者提供比例不等的捐款金额，再加上我所说的筹款晚会模式组成的副产品。在这种情况下，该组织通常会在 11 月或 12 月在一个华丽的地点为筹款举办大型正式活动。但这种方法有以下几个大问题：

> **他们会在一个晚上筹集很多钱**：你可能在想，筹集很多钱不是重点吗？是的，你是对的，但这也意味着整个组织所需的 80% 的资金可能就来自这一个晚上，所以，如果进展不顺利，他们可能需要解雇人员或关闭项目。

> **为筹款举办的活动与非营利组织的价值观脱节**：用 250 美元一盘的美食为消除饥饿筹集资金，坦率地说，这是颇具讽刺意味的。该组织正在践行与其核心价值观不一致的活动，所以应重新设计这些活动。

> **人们是来参加聚会的，而不是为了一个共同的事业**：因为活动委员会每年都会邀请他们所有的朋友参加庆祝活动，这意味着，参加者与组织并无联系。因此，委员会每年都需要从头开始工作，以确保客人和捐助者双双到位。鉴于活动的重要性，这个组织过程既疲惫又压力重重。

有一些组织已经开始看到了不祥之兆，进而改变了他们的方法，致力于在整个年度中与支持者建立深层而有意义的关系。大型活动可能永远不会消失，毕竟，人们喜欢盛装出场，但这里也有一些创新活动的例子。

美国国家多发性硬化症协会（NMSS）是一个非常棒的非营利组织，它为近百万患有这种疾病的美国人提供支持。NMSS 令人印象深刻的是，他们不是从几个大的捐助者那里筹集大部分资金，而是几乎完全通过基层努力每年获得了两亿美元的捐款。将这笔钱与该组织员工的规模和疾病的流行率进行比较，他们得到的支持远远超过了其组织规模。他们成功的原因并不令人感到惊讶：他们首先是非凡的社群建设者。

他们始终专注于如何以有趣的方式将人们聚集在一起。他们启动了诸如阅读马拉松之类的项目，让孩子们为每一本书筹集资金，另外，还比其他组织早好些年举办骑自行车活动。在 20 世纪 80 年代后期，他们还推出了一个名为 U.G.L.Y. 的调酒师大赛项目。我个人认为这非常聪明。

在这个活动中，全国各地的酒吧都会邀请赞助人参加社群庆祝活动，授予他们的调酒师 U.G.L.Y.（Understanding Generous Lovable You 的英文首个字母缩写）的荣誉：善解人意又慷慨可爱的你。他们将筹集的每一美元都算作一票，得票最多的调酒师将赢得 U.G.L.Y. 最佳年度调酒师的称号。仅在明尼苏达州和宾夕法尼亚州，NMSS 就筹集了超过 50 万美元的资金。随着饮酒的负面影响越来越明显，该组织逐渐淘汰了这项活动，投资于以健身为导向的战略，每年举办超过 550 场活动。这些活动包括：在全国各地的社群举办 300 次徒步旅行和 65 次指定目的地的自行车骑行活动。人们聚集在一起，共同健身、筹集资金、欣赏美景。

　　我之所以喜欢这些活动，有以下几个原因：首先，健身体验让人们有理由付出努力来变得健康。所花费的费用仅仅是举办大型庆祝活动费用的很少一部分，而且更容易与组织价值观联系起来。也就是说，既能获得良好的体验，筹集更多资金，又不偏离主要任务。采用组建沙龙或体验型模式能使组织邀请到与目标任务和其他参与者有关联的捐助者。捐助者的朋友们参与得越多，他们就越接近这一事业。这也是大型集会和分支活动变得更有价值的地方。大型晚会既是为一年中所有参与者举办的团聚活动，也是对社群努力的一种庆祝。另外，举办诸如志愿者日、参观项目进展或允许会员为他们的朋友举办活动等分支活动，可以不断将人们聚集在一起，同时推动目标任务的完成。

　　由于 NMSS 关注疾病的各个方面（研究、宣传、服务和项目计划等），他们为受疾病影响的人们也提供了另外的社群计划。你可以参加全国近千个自助小组中的任何一个，或者自愿成为变革的倡导者。他们有一个由 3.3 万名积极分子组成的社群，通过打电话和写信来获得政府官员的关注。它带来的最大收获是为那些希望从中获得支持的以及受此问题影响的人们创造了一个路径或者经验，也带来了巨大的成功。当路径和体验建立在组织的价值观之上并与大象和骑手的愿望相通时，尤其会如此。

　　NMSS 一直有意创建支持者社群，他们在参与的各个层面都制订了原创计划，从那些想待在家里写作的人到那些受疾病影响的人或是他们的朋友和家人、想步行的人，再到那些运动员以及可以连续骑行数公里的人。有了这样的组织水平，相对于规模而言，它们如此有效也就不足为奇了。

现在让我们谈谈你和你的事业吧。你可以使用标准的集会策略。正如我们之前所了解的，它对废奴主义者来说效果很好，但我要指出的是，这些策略不必非与世界上那些社交媒体新闻所报道的事业相媲美。人们现在正饱受同情心疲劳之苦。我们所有人都在被过度要求关心社会问题。这意味着，要获得支持，你需要脱颖而出并专注于建立关系，这样人们的支持才不会只是一时兴起。

首先要弄清楚你想创建多少个社群，然后再为每个社群设计一条路径。你需要了解，当人们想到你的事业时，你希望他们有什么感受，以及你试图达到什么样的影响。如果你想接触社群影响者并应用 SOAR 模式，那么骑自行车就是很好的选择：你可以教给他们技能并为他们提供专家指导、骑车的机会以及通过合作伙伴获得的打折设备等资源。或者，如果你希望吸引行业影响者，你务必要开发一些慷慨、新颖、精心策划且可能令人震撼的东西。如果你想与尚未参与或未被此问题影响的知名捐助者和名人建立联系，这一点尤其重要。我知道说起来容易做起来难，但这里有一些其他事业型组织在做的事情的例子：

➤ **健行女孩（GirlTrek）**：最初起自一篇接受步行健康挑战的社交媒体帖子，后来发展成为美国规模最大的黑人妇女和女孩的公共卫生和自我保健项目。"健行女孩"全年组织数十万参与者在美国进行每周一次的社群步行。其形式再简单不过了：所有参加的黑人妇女和女孩在约定的位置集合，一起沿一条路线步行。正如她们的联合创始人T.摩根·狄克勋女士指出的那样，这些女性之所以走路，是因为每天有137名黑人女性死于心脏病，这是一种可预防的疾病，而它夺走的生命比枪支暴力、吸烟和艾滋病毒加起来的还要多。这些妇女和女孩为她们的健康而行走，为了彼此联系，也为了夺回属于她们的街道。[1]

> **降低孕产妇死亡率行动**：我的团队受聘开发一个项目，将慈善家与孕产妇死亡率问题联系起来。我们将该活动设计为每次有五位慈善家参加的私人Zoom游戏节目。该游戏由三轮活动组成，活动内容从琐事到跟踪一段视频中人们之间传球的次数。在第三轮也是最后一轮，主持人会问一个问题，例如："在第一轮问题中你看到了多少只鸡？"参与者通常非常困惑，因为他们都没有注意到任何鸡的存在，所以他们给出的答案也是错误的。然而，当回放录像时，主持人指出了有五只鸡在场。其他每一位客人都会遇到同样奇怪的问题，最后会宣布获胜者。游戏之后是一场关于"非注意盲视"现象的有趣对话。我们的大脑只会看到被告知要关注的东西，而其他的一切都会被忽略。因此，当你在做计数游戏但注意力被分散时，你不会注意到鸡或其他任何东西的存在。这就引出美国超高的孕产妇死亡率的问题。也就是说，在新生儿妈妈们从医院回家后

就可能出现了问题，但没有人注意到，因为每个人此时都非常关注新生儿。这就是非注意盲视。当人们意识到他们应该注意什么时，他们就能看到问题并采取行动。就像游戏活动中的参赛选手一样，一旦看到鸡，就无法再忽视它们的存在，人们就总能注意到这些了。这种方式的美妙之处在于，它允许以带有情感和新颖的方式就有关原因传达明确的信息。只要让人们意识到这一点，就可以对孕产妇死亡率问题产生影响，然后让大家给予我们所需要的支持。这是可以通过基层公共服务规划和教育来解决的问题。

➢ **匿名戒酒者协会（AA）**：自 1935 年以来，AA 一直在举办会议，拯救并极大地改善了数百万人的生活。他们独特的匿名形式与开放式共享相结合，为这些可能正苦苦挣扎的人们创造了一个安全的空间。让人吃惊的是，一个以匿名形式建立的社群可以如此之强大。他们没有核心权威，所有会议都是独立组织的，会议场所是免费的。它完美地证明了：你不需要花钱来创建社群。你只需要为你想要建立联系的人提供一个平台和一种模式。得益于 AA 的持续性、有效性及其设计，人们可以在全球约 180 个县和无数城市中的任何一个地方参加会议，并能立即获得归属感和安全感。

➢ **"理发店读书"活动**：当阿尔文·欧比看到，由美国教育部发布的一项研究说有超过 85% 的美国黑人四年级男生阅读能力不够时，他感到很震惊。作为响应，他发起了"理发店读书"活动，这是一个以社群为基础的计划，在理发店中创建适合儿童的阅读空间，并为美国各地的理发师提供识字培训。理发店是黑人社群的重要聚集场所，所以这是该策略的绝妙之处。据欧比说，黑人男性通常每个月会见一次或两次理发师，每次去理发都是男孩们获得与文化相关的适龄儿童读物的机会。我喜欢这个计划的原因是它非常适合大象和骑手。它抓住了旅途中的这些孩子们，因为他们已经在去理发店的路上，只需一些微小的调整就能产生巨大的影响。

最有效的事业型组织是那些能够以符合团体使命的方式围绕某个问题团结社群的组织。我希望，在文化层面，我们可以摆脱晚会模式，转向类似于国家多发性硬化症协会、健行女孩和理发店读书那种全年度的社群活动模式。当一项事业融入一个人的社交圈和日常生活时，参与和捐赠就成为他们对所关心的事情的自然表达。

接下来，我们将探讨如何在你的组织中为大象和骑手设计路径：无论你在企业还是非营利组织工作，社群文化都始于组织内部。

# 培育企业文化

发展强大的企业文化可能意味着团队运作要么高绩效，要么在平庸或失败之间挣扎，这两者之间差异巨大。社群理念及其创建过程对于吸引和留住合适的人才、欢迎人们加入团队来说是非常有效的。一项又一项的研究表明，薪酬并不是人们选择工作的最重要因素；人们希望的是有归属感，能够成为某个具有更大使命的组织的一员。[1] 从启动招聘流程起就要发送这些信号，并使其一直贯穿于员工体验中。文化是一个值得专门成书的话题，但我们所讨论的互相联系、建立信任和成为社群一分子的原则在企业环境、事业、商业和社会环境中都适用。对于员工而言，它有两条相互影响的旅程：招聘旅程和员工旅程。所有公司都有自己的文化。最大的问题是，这个文化是被创造的还是自然形成的。文化的某些方面可能会自然发展出来，但如果你不引导它并确保人们有归属感，员工的留存率可能就会很低。

| 招聘 | | |
|---|---|---|
| 发现 | 参与 | 会员 |
| 人们对公司和职位的了解方式 | 申请和招聘流程 | 获得职位和被接纳的人 |

尽管旅程最好要从结束到开始进行逆向设计，但我们还是先按照其过程顺序对此做一下了解。

公司文化并不是从员工开始为你的组织工作时开始的。相反，其始于应聘或收到招聘人员联络之前。谷歌因其有趣的招聘做法而受到关注；例如：招聘广告牌上有一道难题：

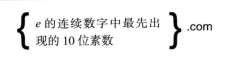

这种方法的妙处在于它吸引了喜欢新奇挑战的观众，可以让他们有机会展示才能并在招聘过程中投入精力。拥有完美简历的人不计其数，但仅仅出于好奇而回家写程序来解这个公式的人才是谷歌想要的那种人。广告牌呈现了谷歌所重视的文化，而且，在人们应聘之前就已经在开始宣传这种文化。广告牌启动了一个可以自选申请人的非同寻常的发现过程。在招募员工时，你想让他们经历什么样的旅程呢？是一个带属性列表的职位描述？还是鼓励人们申请加入一个具有相似价值观的社群？

　　这些相同的价值观需要延伸到参与过程中。在我举办的一次晚宴上，一家跨国公司的首席营销官分享了一个与解决监狱和刑事司法系统问题有关的想法。这个人显然很聪明，在我们交谈的时候，我提出了一个问题："在某人申请贵公司的工作时，你们是否会询问他的犯罪记录？"是的，如果你想对这个文化系统施加影响，就请从你的公司开始。无数的公司会询问求职人是否犯过重罪，但这只会更加疏远受过监禁的人。这是一个非常具体的例子，但它表明了一个重要的观点。我们需要围绕重要的事情设计旅程，并以一种能让人们获得与组织价值观相一致的归属感的方式来做。该过程本身要么吸引人，要么淘汰人，因此对每件事情做评估都非常重要，从申请表的设计、要问的问题，到人们如何展示他们的技能以及他们投入的努力等。研究表明，简历中的姓名、性别、年龄和地址都可能会让我们在决策时产生偏见。因此，我们会看到有些公司重新设计了整个申请流程以减少偏见，这样，他们不仅能吸引最适合企业文化的人才，也能对外展示公司所具有的极为重要的企业文化类型和价值观。

　　在许多行业中，至关重要的是把发现人才置于首位。在这些情况下，针对潜在员工举办的基于社群的系列活动非常有用。如果你是一家网络安全公司，举办每月一次的纽约市黑客聚会或夺旗游戏可以让顶尖人才来到你身边和你保持联系。

　　如果发现和参与的旅程经过精心设计，那么在接到聘书时，人们会为有机会成为你公司的一员而感到兴奋。你会看到，如果做得好，薪酬将不会成为吸引人们加入你的组织的决定性特征。这并不是说它不重要，因为薪酬不高的公司实际上是在告诉他们的员工他们没有得到重视。薪酬不高的后果是，公司的员工敬业度较低，他们也缺乏动力支持其组织。相反，将公平的薪酬与成为具有共同价值观、目标和成长机会的文化和社群的一部分相结合，会大大优于能支付高薪却没有受欢迎的文化的公司。

一旦被录用，人们就会开始一段新的员工之路。

与其说"欢迎你第一天来到公司"，也许更好的表达是：在第一天上班之前你都参加了什么样的活动或交流？你是否作为团队的一员参加了欢乐时光派对、品尝过冰激凌或参加过专门为庆祝踏入公司举行的视频聊天？还是，你只是参加了强制性的防骚扰培训，拿到了一本关于公司成长史的书？由丹尼尔·M·凯博、弗兰西斯卡·基诺和布莱德利·斯塔次组成的研究小组对入职期间的温和干预是否可以显著提高员工留岗率很好奇。尽管为员工提供了极具竞争力的薪酬和其他服务，但位于印度的电话和聊天支持提供商 WiproBPO 公司的员工离职率一直与该行业的50%—70% 保持一致。[2] 你可以想象，在为客户提供支持时，员工压力是多么巨大，不仅因为客户有可能是个浑蛋，还因为接电话时的声音和动作要表现得更西方化。

| 员工路径 | | |
|---|---|---|
| 发现 | 参与 | 会员 |
| 被组织和文化欢迎的经历 | 公司联系员工及工作的方式 | 对公司忠诚和归属的过程 |

2010 年，Wipro 公司雇用了 605 名新员工。研究小组决定对在入职流程中做的一个简单变化进行测试。员工被随机分成三组：一个对照组采用标准入职流程，另两个小组额外多增加一小时的培训和互动。

1. **个人身份小组**：这一小时的额外培训侧重于个人。它包括个人的工作和小组讨论，讨论如何解决问题、如何描述自己、什么能让他们在工作中最快乐和表现最好，以及如何将最好的自己带入工作组。最后，每人会获得一枚徽章和印有他们个人名字的运动衫。

2. **组织身份小组**：这一小时的重点是"以组织隶属关系和接受组织的规范和价值观为荣"。这包括讨论 Wipro 公司的价值观、公司为何如此出色，以及让一位明星员工来讨论同样的问题。然后员工对分享的内容进行反思和讨论。最后，他们获得一枚徽章和印有公司名称的运动衫。

3. **对照组**：该组以 Wipro 公司传统的方式进行入职培训，没有额外的一个小时的干预时间。

当结果出来时，整个研究小组都震惊了。七个月后，他们发现对照组的离职率比个人身份组高 47.2%，比组织身份组高 16.2%。此外，他们发现组织身份组的离职率比个人身份组高 26.7%。[3]

所以，让情况有所不同的不是开出更高的薪酬、提供乒乓球桌，甚或其他高额的津贴。当然，关于公司价值观的一小时培训是有助于留住员工的，但带来最大的影响则是那一小时的谈话，虽只有一次，但它是关于你个人的，即什么对你重要以及你能为团队的成功带来什么的内容。

无论你是在创建公司文化还是创意社群，人们都希望感到被重视，也希望了解是否可以将自己的独特技能和思考贡献出来。简单地增加一个小时的对话，用来探讨人们怎样能为团队添砖加瓦，这就表明他们受到了重视，有了一个能够成长和有所贡献的地方。

如果仅仅一次的入职体验就能够对留住员工产生如此深远的影响，那么贵公司的传统、对话以及聚会方式显然也会对你所创造的文化产生巨大影响。一些公司盛行比较激进的坦率的文化，在那里，人们有义务分享他们的想法，只要它能促进对话，即使接受反馈的人可能会受到侮辱；而在另一些组织中则发展出一种友好竞争的文化。一个人是否优于另一个人可能无关紧要，重要的是你试图创造的文化是否与公司的价值观相一致。在百威英博，所有部门的员工无论资历如何都被邀请观看最新的营销和广告视频，并提供反馈。它让人们感到被接纳，并促进了不同部门的人之间的接触和联系。

　　你可能会问自己：我该如何组织公司的聚会呢？是举办一个让大家得以畅饮的一年一度的节日聚会，还是为人们提供真正的机会以团结起来朝着共同的目标一起努力？贵公司是否在促进跨部门（例如销售、营销、财务、供应链和房地产）之间的关系，以便他们能够相互联系？还是它们各自孤立，并可能导致摩擦？

　　创造公司内部的聚会方式，就像我们为客户、资助者或朋友创造体验一样，让我们有机会传授和发展我们想要的公司文化。毕竟，如果你不有意识地这么去做，你的员工就不可能了解公司正在努力实现的目标。由员工敬业度平台"成就者"发起的、在美国和英国进行的一项调查中，只有 39% 的员工知道他们公司的使命宣言，知道公司愿景的员工数量也差不多是这个比例。更糟糕的是，有 61% 的员工说他们不了解公司的文化价值观。[4] 如果你不知道自己因何要在某个地方工作或者你想要实现什么目标，你就可能感到困惑并缺乏动力。人们必须知道他们要去的目的地，以及企业文化如何能将他们带到那里。

　　在微软，员工徽章上刻有公司的使命："让地球上的每一个人和每一个组织都能取得更大的成就。"如果你询问公司执行阶层的人，以及那些刚开始工作一周的人，他们都知道公司的努力方向是什么，因为公司的文化就是围绕它建立的。

　　这里的关键是为大象和骑手创造一段旅程，让员工围绕这些核心价值观、企业文化和使命来与公司和彼此建立联系。

最终，每个人都会继续向前，无论他们是退休还是去另一家公司工作，抑或创办自己的公司。但是，你能否营造出一种如此强烈的会员意识，以至于在人们离开后，他们仍然认同公司，甚至可能想回来？全球咨询公司科尔尼将在其他地方找到工作的前公司员工称为校友；这些人已经掌握了在公司培养出的技能，从公司毕业后进入了职业生涯的下一个阶段。将他们称为校友而不是前雇员，可以将他们的经历与背景联系起来，并暗示公司会一直欢迎他们的回归。因此，这些校友们在他们的新公司雇用科尔尼做咨询是很常见的。对于一家如此注重联系、对离职人员非常用心的公司来说，拥有这种员工忠诚度并不令人惊讶。不管你的公司文化是什么，你想要传递什么样的价值观，你都要自问：当员工离开时，你希望员工如何看待他们在你公司的经历。这可能是关于涉及公司文化的对话的理想起点。

# 社交型社群：共同喜爱的活动

当基胡·喀瓦努搬到洛杉矶时，他认为，这是自己成为创意社群一分子的理想场所。他想象着这样一幅画面：自己享受着美好的天气，结交新的朋友，从事户外活动，从事激发他灵感的项目。但在一个非常注重形象和地位的城市里，他很快意识到，他拥有的友谊不太可能发展出他曾经在夏威夷社群所熟知的那种深度和联系。在这里，社交活动往往围绕排练台词、玩电子游戏，或者，如果有人邀请，在新开的热门酒吧或某位娱乐大咖的家中聚会。虽然一开始这很有趣，但其中的大部分时间都让人感觉很空虚。他感到越来越寂寞，如果不进行干预，他担心这种寂寞感会变成抑郁。基胡最终想要的是更深层的联系和更紧密的关系，于是，他问了自己一个简单的问题："我要做什么才能让人们真正聚在一起呢？"

基胡非常有创意，他最初想到的是工艺美术创作聚会，但是，他的公寓太简陋，加上自己又是一个有洁癖的怪人，不习惯到处都是油漆、胶水或纸屑。后来，当他打扫家里的壁橱时，他看到了令人难以置信的棋盘游戏收藏品，这些东西触动了他。他想，他可以邀请六个人来轮流玩游戏，例如"卡坦岛"（Settlers of Catan）、"战国风云"（Risk）或"芒奇金人"（Munchkin）。这会让大家有宝贵的时间来建立有意义的关系，希望大家在离开时能留下更多回忆，而不仅仅是酒吧里常有的对人名和故事的模糊记忆。另外，作为一个预算捉襟见肘的演员，这种活动的另一个好处是成本低。人们可以带上他们各自的游戏，并互相分摊点外卖的费用。

每举办一次棋盘游戏之夜，都让基胡有机会与他人建立更深的联系，也产生了更深切的家在洛杉矶的感觉。每次举办活动时，他都会对体验进行一些小小的改进，从邀请、组织、布置到清理，对过程一步步简化。请注意，即使他还没有关于设计路径和影响力方程式的知识，但他将许多类似的行为特征融入其中。共同活动以建立团体联系，只提供有限的游戏选项以减少决策失常，令人兴奋的高峰体验将人们进一步联系在一起，更重要的是，它摒弃了许多会影响体验的传统社交项目（如嘈杂的音乐、过量饮酒、过度关注形象）。很明显，这都是让人们分享乐趣和建立联系的。你会注意到，就像理查德为 TED 所设计的，很棒的设计既可以消除干扰和不必要的元素，也可以增加有趣或有用的特征。

我喜欢这个例子的地方在于，它是一种非常简单的个性（人格）驱动模式，适合内向的人。基胡邀请人们来玩棋盘游戏，这在他的社交圈中是完全超出常规的，这就让人感觉新奇，由此也形成了持续性。它逐渐发展成一种文化。如果他想把这个变成事业的载体，他可以邀请制片人、导演和明星经纪人，如果他想要一个更大的场地，他可以找一个朋友的家来举办。但那并不是他的目标。他想要的是建立更深入、更有意义的关系。他希望洛杉矶给人宾至如归的感觉，并摆脱众所周知的让人们相互疏远的名声。随着时间的推移，基胡找到并发展了这些关系，不出所料，即使他从来不是为了事业成功而这样做，但成为这个社群的核心给他带来了巨大的影响。事实证明，许多好莱坞科幻和奇幻剧演员及制片人都非常喜欢棋盘游戏，所以，在他家举办的亲密而另类的游戏之夜成功地影响了他生活的方方面面。尽管近来他很少举办游戏之夜了，但它已达到了目的，他现在更喜欢和朋友一起骑山地自行车。

正如我们从"游戏之夜""创意早晨"和"影响者晚宴"中了解到的那样，发展社交型社群的关键是选择一种你喜欢的形式，从你认识的人开始，或者在网上找到一个感兴趣的群体，然后让它随时间而演变，再逐步增加些传统和新奇的元素。这种方法不仅有助于在你周围建立社群；这也是培养你感兴趣的习惯或技能的完美方式。当你把热衷于锻炼的朋友聚集在一起或者你加入足球俱乐部时，锻炼身体会变得更有趣，而当你加入读书俱乐部时，阅读也会更容易。著名谐星、演员、特雷弗·诺亚每日秀节目的记者罗尼·陈（Ronny Chieng）曾经为自己的体重而苦苦挣扎。

多年来，他试图通过参加他讨厌的跑步和举重活动来锻炼身体。有一天他去了当地的篮球场，想从最近的一次分手中摆脱出来，结果，从那时起一切都变了。他加入了一个皮卡（pickup）游戏，每天与在那里的一大群人玩得很开心。他发现，他在球场上比在跑步机上跑得更多，于是他开始每天打球，有时一天打两次。仅在第一个月，他就减掉了10 多公斤，这项运动他继续了好多年。2018 年，他决定是时候做出改变了；他想尝试一些新事物并扩大他的社交圈。现在，罗尼在学习巴西柔术，不仅结交了新朋友，掌握了格斗技巧，而且穿着燕尾服看着也很帅，谁知道呢，说不定他还可以在下一部电影大片中扮演特工呢！

请记住，社交型社群要着重聚焦在你与自己喜欢的人一起享受的活动。你不必永远参与其中。罗尼和基胡都没有继续他们最初的活动，但你会注意到，他们总会参加一些基于信任和友情的聚会或社群活动。根据你在生活中优先考虑的事情去选择与那些能分享这些价值观并愿意参与的人联系。

有一个设计特点是我喜欢的，那就是，将活动当作试金石。同样，活动本身或对活动的描述会过滤掉人们，确保来的人拥有参与活动需要的世界观。以下是探险家欧内斯特·沙克尔顿（Ernest Shackleton）为他 1914 年的帝国跨南极远征征集人员所刊登的真实广告：

在此为一趟冒险的旅程征集男性会员。报酬低，天酷寒，长夜漫漫。无法保证安全返回。但成功后会获得荣誉和认可。

　　据说，当时有超过 5000 人申请，最后有 27 人加入。[1]虽然这是一个极端的例子，但活动本身及其邀请方式就会淘汰那些不合适的人。基胡举办的游戏之夜淘汰了那些只想在夜总会参加派对的人。并不是说夜总会派对无趣，但这不是基胡自己想要的；他想建立的是深厚而有意义的关系。同样，罗尼想要享受健身的乐趣。如果你对此不感兴趣，你就不适合他参加的皮卡篮球比赛。

　　以下是一些我非常欣赏的活动或设计模式示例。你会注意到，很多项目其实很简单，但它们都提供了一种有趣和新颖的聚集人们的方式。

　　➢ **仅用一词**（Just One Word）：基于牛津大学的一个单词作文理念，给予学生们三个小时的时间围绕一个单词写作（例如纯真、道德）。[2]届时邀请一小群人参加，每个人带来一篇围绕一个词写的短篇故事。在享用饮品和点心的同时，每个人都可以分享他们的故事并结识新朋友。

　　➢ **绘画**：是针对集体绘画的一种新颖体验。先在一张 25 幅的画布（5×5）上画出一幅图的轮廓。然后将每张画布分配给一个参加者，让他用自己喜欢的任何颜色绘画。最后，再将这些画作重新组合成一幅美丽的拼贴画。因此，人们相互靠近，通过绘画建立联系，每个人都感觉自己为此画做出了一份贡献。

➤ **DTLA 晚宴俱乐部**：在过去的十来年中，乔什·格雷-埃默尔每年夏天都会开放自己的家，为他在洛杉矶市中心的当地社区举办 20 场晚宴。成为宴会的 30 位客人之一的唯一要求是：你必须住在市中心。第一年，乔希亲自下厨；第二年，他的邻居加入进来；到第三年，他有了一个可以减轻他大部分负担的想法。从顶级厨师伊兰·赫尔开始，乔什邀请了当地知名的厨师和新晋厨师为团队做饭。厨师们贡献他们的时间，乔希为他们报销食材费用，并且，这种体验对所有客人都是完全免费的。

➤ **城市夏尔巴人**：每隔几周，电视制作人丹尼尔·莱金德就会召集一群朋友和商界领袖一起探索纽约市。他们的目标很简单：边参观城市的新区并享受彼此间的交谈。需要做的准备工作很少——在互联网上搜索有什么活动或者步行项目在举办，然后向大家发送电子邮件和提醒。由于大家都在户外活动并且可以保持安全距离，在因新冠爆发而实施的要求大家物理隔离政策期间，这成了为数不多的面对面社交互动活动之一。

➤ **葡萄酒爱好者**（Dogs of Wine）：正如前参与者卡尔·哈尼所说，这个不为人知的葡萄酒爱好者俱乐部的新会员们是通过一条不祥的信息被邀请的，信息上面指示他们要在指定的时间出现在某个餐厅。当他们到达时，他们会受到一种独特的传统方式的欢迎。一年里有 10 次，限额10 名的小组会员们会聚在一起享用美味的食物，甚至上好的葡萄酒。活动规则是：由每个会员每年主持一场聚餐，会员们必须参加所有的饭局，并且带上两瓶酒，在当晚的某个时候让大家一起盲品。该活动的疯狂之处是：大家对每瓶酒进行评级，所带葡萄酒得分最低的人将被踢出小组，不管这瓶葡萄酒的价格是多少，然后这个会员就会被一个新会员取代。如果有一个会员不能参加，他必须派一位客人，但如果这位客人带来了劣质酒或这位客人是位损友，该会员将被踢出小组。我喜欢这种形式，是因为每个人都知道他们待在小组中的时间是有限的，所以这种方式不会过时。总会有老面孔和新面孔相互混合。很久以后人们还是朋友，但最终所有人都被踢了出去，包括创始人。有时，当群体固定下来持续见面时，体验可能会变得陈旧。人们轮流进出的方式允许足够多熟悉的面孔存在，因此它是安全的，又因其足够新奇，所以它是常新的。

➤ **租车拉力赛**：这是一项由弗兰茨·阿里奇创建的赛车比赛，但比赛的不是速度，而是最短骑行里程，以此确保人们的安全。参赛团队沿着可能导致车辆毁坏的路线完成一系列任务来获得额外积分，因此要使用租赁的车辆，并最大限度地购买保险。活动被描述为："在一个充满'规则'的世界里，有一场午夜汽车拉力赛，一些盛装打扮的帅哥，开着，呃，租来的车，去到一些奇怪的地方。"获胜者将得到金钱和一个黄金气泵。

➤ **让 DJ 播放那首歌**：最初始于一个晚上，每位客人带来一张唱片并播放其中一首曲目。人们用这种方式分享这首曲目带给他们的意义。现在它有了一些进化，因为唱片已不那么流行了。

说到这里，我想鼓励你不要想得太复杂。如果你想创建一个社交型社群，请列出你喜欢的活动，然后邀请一些朋友加入你的行列。如果体验是积极的，那就继续做下去，改进它，增加新奇性并改进路径。尝试几次后，你就会成功的。当你想将影响力扩展到不同的领域时，请做一些介绍，或联系和邀请这些领域的人来参与。请记住，这要让人感到愉快才行，否则你会不想再做下去，当你发现自己厌倦了一种方式时，就加进去一些新的东西试试。

# 第二十一章

# 在线社群：必不可少的控制感

2020 年 4 月 11 日，星期六，我穿着燕尾服独自坐在客厅里。此时，新冠肺炎病毒（COVID-19）正迅速传播，距纽约州州长颁布实施居家令已经快三周了。当时，人们惊慌失措，纷纷囤积卫生纸或逃离城市。我意识到，在人们如此忧心忡忡的时候，我有了一个为我的社群提供必要的解决方案来让大家安心的机会。因此，有史以来第一次，我们在网上召集了影响者。每次会议时长一小时，由一位杰出的思想领袖演讲并回答问题。第一位是哈佛医学院精准疫苗研发项目主任奥菲·利维博士（他也是我的大哥），他向我们介绍当时对 COVID-19 流行病的了解情况。第二位是著名的经济学家鲁比埃尔·罗比尼[①]，他探讨了全球经济的前景及其预期。数百名晚宴校友们参加了网上活动。对于一个几千人的社群来说，你会认为这是一个巨大的成

---

[①] Nouriel Roubini，美籍犹太人，世界上国际宏观经济学领域知名专家，现任美国纽约大学斯特恩学院经济学教授。——译者注

功，然而，作为一个关注在人与人之间建立深厚而有意义的纽带的人，我意识到，这是一个被错失的机会。

不要误会我的意思。我们活动的内容正是人们当时所需要的，就在人们不知道该信任谁的时候，能听到来自受人尊敬的专家们的回答是很棒的。然而，不幸的是，我犯了对网络活动而言最大的错误："直接云迁移"①。大多数组织在设计数字活动时，将面对面活动的体验以直播形式传给他们的观众或客户。问题在于，他们的面对面活动一开始就没有精心设计，直播方式使得体验不怎么吸引人。这相当于让一个人坐在摄像机前给你读一本电视剧。但这种内容并不适合媒体或者人们的行为方式。

但是，在这个星期六，在我认为最初的两次起步活动不成功之后，我有了机会去做一些特别的事情。这个夜晚应着重让人们有机会联系和结交朋友、学习和娱乐。由于我们的会员分布在 10 个城市和 3 个国家，这也将是他们第一次不再是为了获得答案，而是作为一个社群聚集在一起。这也意味着，我正在一个我不熟悉的平台上试验新的活动设计。在那之前，我已经举办了数百次晚宴和同等数量的沙龙活动。我真的很擅长与观众面对面地建立联系，但设计一个网络活动或体验首先要扔掉你曾亲自做过的那些。相反，你要询问路径需要通向何方，并查看网络技术的功

---

① 直接云迁移是一种思维策略，指将应用程序迁移到云中的众多方法中的一种。它意味着将应用程序及其相关数据直接转移到云平台，而无须重新设计应用程序。——译者注

能和局限会怎样帮助你实现目标。你如果只是想调整你做过的工作，就只能做"直接云迁移"了。

我和我的团队曾多次会面，试图解决这个问题。我们意识到，如果希望客人在线参与，至少要提供他们面对面活动的四个特征：娱乐、知识、联系和体验带来的影响力。对于面对面的活动，娱乐和知识通常是大型聚会和公司活动（演讲者、表演者等）的主要吸引元素，但我们通常没有意识到联系和影响力的重要性，因为它们几乎是亲身体验本身所固有的。例如，仅仅是有人和你在一起或你被众人包围，就具有了联系、额外的娱乐（谈话、分享故事等）和知识（讨论生活、八卦等）三个特征。此外，在面对面的活动中，大家互相之间存在着惊人的影响力。即使作为节目的观众，我们也可以鼓掌、尖叫、嘘喊、跳舞并影响到周围的人，而在小型聚会上，我们还可以与他人互动。人们会感觉到自己有一些影响力，自己很重要。而大多数网络活动会让我们觉得自己微不足道，没有影响力。大家都是孤立的，通常不能说话（被静音）、无法提问、缺乏互动或不被听到。这是一种可怕的感觉，而且它已经成为网络活动的标准设置。

在线聚会的问题不仅对互相联系和施加影响的感觉有限制；而且娱乐性也不如"网飞"电影电视平台，后者提供的联系很少或根本没有，而且，在优视上你可以找到更简洁的知识。这就意味着，我们要想吸引人们的注意力，就需要提供具有这四个特征的东西，并且还需要克服人们的"视频会议疲劳症"。说实话，我在计划我的新网络活动时很紧张，不仅因为这对我来说是全新的，也因为活动时我只穿了燕尾服的上半部分，它和我的艾尔莫牌睡裤搭配得很"优雅"。但如果我不得不站起来，那可能会让我觉得很尴尬。

当参与者开始陆续登录我们新设计的数字社群活动时，我正尴尬地坐在那里盯着摄像机。在面对面的活动中，我通常会跑来跑去或陪着某人走一段，但现在，所有的目光都集中在我身上了。不知道该做点什么，我就开始介绍客人互相认识。接下来我知道的是，我给五个在线的奥运选手做了互相介绍，然后，欢迎了疾病控制中心的一位前任主任。是的，这绝对是一个不那么谦虚的吹嘘。5 分钟后，我们开始了活动。最初的计划是一个半小时的主体内容，先是 15 分钟的分组讨论，让每个小组进行联系和交流，然后大家一起讨论，最后是 10 分钟的演讲。随着夜越来越深，奇怪的事情发生了：我们延长了活动，两个小时后，几乎每个人都还在线上。三个小时过去了，节目已经结束了一段时间，但仍有一半的嘉宾还在享受这个大群的群聊。由此我们意识到，人们是孤立的，极度渴望互相联系。如果我们文化中最有影响力的人都有这种感觉，那么，我们也需要让其他人加入其中。

一周又一周，我们改进和完善了这些活动的流程，最终确定了一种标准的活动形式：搞两个分组讨论，有四个演讲者，其中最后一个是一场有趣的表演，以确保我们在良好的氛围中结束。演讲被限制在十分钟之内，因为大家会产生观点疲劳。当你看一个节目时，场景每隔几秒钟就会改变一次，但在视频聊天中，你能盯着一个人的脸看多久？由于社会气氛瞬息万变，我们只在活动的前几天预约演讲者，这样，活动就可以涉及那些与文化最相关的问题，如果时机适当，我们再尝试插入一些轻松和有趣的东西，这样就可以减轻人们的压力。提醒一下，社群的四大支柱之一是影响力。如果人们觉得他们不能对社群产生影响，那么社群就得不到发展。我们不断促进，使体验尽可能具有互动性并带给人们有影响力的感觉，因此我们在民意调查和演讲后加入了问答环节。我们甚至试验了不同的方法，包括用奇怪的问题和活动来使分组活动更有趣。具有传奇色彩的"爆炸猫"（Exploding Kittens）游戏的设计者伊兰·李很贴心地为我们发明了一款游戏。最令人欣慰的时刻之一是为几家非营利组织举办的一线医护人员的聚会主持活动。纽约市健康和心理卫生局副局长也加入了我们的行列，他们向活动提供支持并为快速交付的医疗用品筹集了数千美元。所有这些都非常有效，以至于在每个数字沙龙中，我们都会推出一到两个人们可以支持的新的非营利组织。

一周周过去，客人们停留的时间越来越长，所以我们也不断改进。我们推出了"下班后"网络活动，人们可以在这里提出他们想要谈的任何话题；还有"恭喜"活动，在这里人们可以分享激动人心的新闻并与其他有关的人建立联系。到第九周，人们会在活动中连续待五个多小时。

在社群达到娱乐、知识、联系和控制感之后，我经常将主持的权利转给客人，自己上床去睡觉。也许你留意到了，我们所讨论的所有原则都已嵌入其中。我们希望通过慷慨、新颖、精心策划、也许很令人震撼的体验来建立联系、相互信任和社群感。为此，我们为大象和骑手设计了一条路径，在这种情况下，这条路径要求我们抛弃之前所做的一切，从头开始设计。考虑到网络活动对我们来说完全陌生，这其实是一个可怕的过程，但我们知道我们必须适应。我们知道我们以前所做的晚宴和沙龙活动必须暂停，我们将社群建设视为一场无限的游戏，这意味着，我们需要弄清楚如何在这个新的环境中继续进行下去，并进一步精通它。

在后来的几个月里，我们能够将这些经验转化为具体的战略，培训了许多世界上最大的品牌公司来应用它们。以下是些我想鼓励你使用的基本原则和一些能激发你创造力的例子。

当你设计网络活动时，永远不要做"移花接木"的事；你需要从头开始对媒介进行设计。也就是说，要考虑娱乐、知识、联系和控制感的正确组合。大多数公司面临的风险是将数量与质量混淆。在数字平台上，主办一千人活动的成本与主办五人活动的成本一样高，但这并不意味着你应该主办更大型的活动。问题是，即使知识和娱乐能被扩展到更多的受众，但联系和控制感却不容易做到，除非平台具有匹配的特质。因此，如果你想创造人们喜欢的东西，那么受众规模应该与你的目标相匹配。关系越重要，聚会就应该越亲密。这样才能提供更大的社群意识，让人们相聚并有参与感。如果你想要规模化，最好的做法通常是用你在旅途和活动成本上节省下来的时间和金钱增加活动的频率。

在数字平台，其规模对我们不利的另一个原因是，我们曾经是一个喜欢"被推着走"的社会。人们喜欢坐在后面观看节目或开会时坐在观众席上。现在我们是一个"去做"的社会。我们希望参与其中，它必须非常出色，值得在社交媒体上向我们所有的朋友和追随者吹嘘。好处是目前的技术允许交互，一些公司已经找到了如何做到这一点，但在撰写本书时，大多数平台还不具备实现规模的功能。

在我们看一些活动模式的例子之前，请注意，当我们讨论在线社群建设时，还涉及一些重要的不同。数字社群至少有三种可以利用的技术，而且还会不断涌现。有聚集型网站，即可以找到人们并组织会议（像 Meetup 等）；有同步社群，即人们同时出现在数字平台上（Teams、Meet、FaceTime、Zoom 等）；还有异步社群，如你在群组中发帖，人们可以在几天甚至几年后再回复（如脸书、红迪等）。

让我的经验和研究大放异彩的是同步网络活动，但我想快速谈谈其他两个方法的重要性和有用性。为应对9·11悲剧发生后许多人的孤独感，斯科特·海弗曼（Scott Heiferman）和一群朋友推出了"相聚"（Meetup.com）应用软件，该网站旨在"通过现实生活中的人际关系帮助人们成长并实现其目标"。如果你喜欢编织、科技、阅读、运动或其他任何事物，那么人们创建的 33 万个团体中的某一个很可能是你的理想选择。通过遍布 190 个国家和地区的"相聚"小组，每周有超过 10 万场活动让人们围绕共同的兴趣聚集在一起。如果你是在肯尼亚内罗毕的女性，并且想了解人工智能（AI），内罗毕女性机器学习和数据科学社群的组织者马瑟尼·温妮约克正在急切等待着你的加入。[1] 如果你居住在纽约市，很喜欢被称为布朗普顿（Brompton）的一款奇怪的英国可折叠自行车，就会有一个由彼得组织的数百人的社群让你一同参加骑行活动。[2]

当"相聚"组织者丹在 1975 年以同性恋身份出柜时，这对他并不容易。高中的恐同症导致他被人欺负。你可能会认为他会觉得自己与性少数群体联系最紧密，但实际上，让他感觉最自在的却是由他举办的因美食而聚会活动。他解释说，尽管这个群体由背景完全不同的人组成，"但大家在一起活动两年了，它改变了我们的生活"。[3]

"相聚"等平台提供了一种独特的方式让人们发现活跃的社群，你可以加入或组织自己的面对面或在线活动。其重要的部分仍然是设计出一种体验，能够使人们因对自己重要的事情聚集在一起。

"相聚"等平台组织的是实时互动，但几乎所有在线社群功能都建立在异步参与之上。无论你是红迪上的政治团体、脸书上的妈妈社群、领英上的专业组织还是宠物专用网站的会员，它们都主要围绕发布和评论而构建。在构思这本书的过程中，我遇到了一些会员分享丧失亲人或患病经历的感人故事，这些人从未见面，但却相互支持。我最喜欢的是 2017 年发在红迪上的一则帖子，请求全世界的人帮助拯救圣诞节：

> 我的兄弟麦克斯 25 岁了，但智力大概只有 5 岁左右。他身心残疾，圣诞节唯一想要的就是一辆 2000 年制造的蓝色警用悍马款玩具卡车。

她接着解释说，这是他唯一能玩的玩具，但在网上已经买不到了。她的帖子获得了超过 13 万名红迪会员的回复。[4] 来自全国各地的人主动提出要送她玩具，甚至玩具制造商 Tonka 也加入了进来。到圣诞节那天，一张麦克斯拿着标有"麦克斯的悍马"的全新包装卡车的微笑照片被发布到了红迪上。这张照片上有一封感谢信，还有一堆人们慷慨寄出的卡车。

你即使只着眼于创造面对面的体验，也很有可能希望开发某种数字环境供会员互动，这样做既能使大家相互联系，又可以作为你多年来所创建的内容的存储库。我搜索并研究了一些最佳实践案例，并有幸找到了提姆·斯科洛尔。提姆获得了在线社群行为学的博士学位。以下是他推荐的几个需要考虑的关键因素：

➤ **定义你的社群价值观：**互联网或许是一个疯狂的免费游戏；如果你不设立行为准则，社群可能很快便分崩离析。

➢ **选择正确的平台：** 你所采用的建立社群的技术将大大决定成员的互动强度。你可以在脸书、领英、红迪、自定义社群平台甚至瓦次普（WhatsApp）上创建孤立的社群或团体，但在推特或照片墙上培养凝聚力则几乎是不可能的。

➢ **去人们所在的地方：** 如果你拥有巨大的影响力或拥有非常独特的价值主张，以至于人们会不厌其烦地访问你的网站或下载并使用你的应用程序，那么对此投资可能是值得的，但在大多数情况下不是这样的。

➢ **了解你的社群地理：** 人们越分散，他们就越能从中央在线社群受益。

➢ **加入现有的社群可能更容易：** 本书的大部分内容都在探讨如何启动或发展你的社群，但由于已经存在如此多的社群，你也许可以加入一个活跃且正蓬勃发展的社群。

"相聚"采用的组织技术和社交媒体网站的异步平台，这两者都为寻找志同道合的人提供了一种很好的方式，但它们仍然不可避免地存在如下问题：相聚时我们要做些什么？在居家令颁布之后的几周内，每个活动都转移到了视频聊天平台上。每一周都会有家庭举办聚会，同事间举办欢乐时光派对，创意人员举办表演，企业也尝试举办网络活动。可以想象，由于我的业务主要侧重于帮助组织建立面对面的联系，因此我们就面临着很多不确定性。于是，我和我的团队不得不在一夜之间重塑我们的大部分业务。

数字沙龙给人们提供了很好的教育，但这只是第一步。

我们知道我们的下一个目标是为特定的受众、营销人员开发原创的活动模式。由于这些专业人士和我们一样正在遭遇相同的困扰，因此我们希望，通过聚在一起，我们可以分享知识并开展一些业务。

我们确定每次有八位客人参加视频电话会议。每位客人在进入时只能显示昵称，所以必须修改他们的上网姓名。当所有人都到齐后，我们使用屏幕共享功能来展示我们创建的问答游戏。每个问题都与一位参与者有关，客人将通过自己的手机选择一个答案。例如，萨拉帮助发明了一些你使用过的最具标志性的产品。她开发了下面列出的哪一项？

喊叫 ①

摇摆铃（the Shake Weight）

宠物石（the Pet Rock）

毛毯外罩（the Snuggie）

在所有竞猜都交上来后，答案揭晓，计分，然后萨拉再做自我介绍。

它的目的是展示如何使网络活动充满活力和娱乐性，同时又让每个人都对有关自己的问题感到特别。游戏结束

---

① Yelp，被称为美国款的"大众点评"。——译者注

后，我们会进行 45 分钟的对话，讨论我们可以从其他行业
（音乐、技术、体育、美容等）中学到什么。这不仅使参与
者联系在一起，还帮助大家学到了很多东西，而且这个系
列活动还使我的公司完成了几笔关键交易，使我们在疫情
导致的危机初期保持了运转。

请注意这个体验所包含的一些要素。是的，它具有新
奇、策划等标准特征，但它也很好地融合了娱乐性、知识
性、联系和控制感。鉴于任何正式的视频聊天程序中都有
屏幕共享功能，因此，我们在体验中增加了乐趣和游戏，
同时也让人们感到很特别。除了我们的沙龙活动，我们通
常将在线活动保持在一个小时。这个时间足够长，即使人
们迟到了，它仍然还在进行中，但也没有冗长到会让大家
失去注意力。我们是不是可以做一个标准的欢乐时光活动，
让人们自我介绍和相互交谈？当然可以，但是，仅仅通过
以上提到的在游戏方面做的几分钟努力，我们就显著地提
高了娱乐价值。我们把活动从还不错变成了很有趣、颇难
忘。如果你要举办活动，请考虑如何在体验中加入游戏。
有很多很棒的游戏软件甚至平台可以让你自己进行创作。
这些游戏非常适合提供互动，尤其是在你招待数百甚至数
千人的情况下。它给人一种控制感，并且在你参加网络研
讨会时仍然可以运用。

如果你想建立知识体验，请考虑你能够为人们提供哪
些独家信息、见解和专业知识，或怎样才能让人们更容易
理解它。不确定性越大，它就越有价值。

从人际联系的角度来看，将人们分组或举办一个足够亲密的活动、让每个人都能参与通常是很有价值的。我们从营销人员活动中注意到，由于大家来自不同的行业，他们可以彼此坦诚地发言。发泄、获得建议和相互支持对大家很重要，但如果你是房间里某人的竞争对手，你可能需要保持安静。如果是分组活动，我则鼓励你使用挑战法或提示法来充当社交催化剂。我见过的最棒的是一个名为"创意联盟"（Creative Coalition）的非营利组织。有 100 个人在主房间里，但展示给我们的只有四个人，然后被告知在几分钟内我们是一个小组，在这期间要找出这四个人的共同点。你知道摇滚歌星兰尼·克拉维茨（Lenny Kravitz）、亚马逊总裁杰夫·贝佐斯（Jeff Bezos）、时事评论员雷切尔·玛多（Rachel Maddow）和女演员贝蒂·怀特（Betty White）有什么共同点吗？我所在的小组没有想出来，但我们在尝试中获得了很多乐趣。正确答案是他们在某个时候同时出现在了"辛普森一家"系列剧中。我喜欢这个，这与活动举办者的品牌匹配，而且，这是能促进大家一起交谈的完美社交催化剂。

在接下来的几年里，数字活动将会不断进化，我发现，以下这些模式会比查看电子邮件更有效，也更有趣。

➢ **一个人的剧院**：顾名思义，你是一个私人剧院体验的参与者。尽管这种方式以面对面的体验而闻名，但它也完美地适应了数字形式。你登录进去，在等待轮到你的时间里，你可以享受与其他也在等候区的人的匿名聊天。轮到你了，你就进入实时视频聊天。在接下来的几分钟里，有一个人会讲述美丽而富有灵感的故事并与你互动。整个体验过程不超过 20 分钟，但它是一次关于艺术的精彩互动。

➤ **全球金融：**我们被要求设计一种体验，让有影响力的嘉宾了解全球金融体系的不平等和潜在的解决方案。在没有透露太多客户信息的情况下，我们制作了一个游戏环节，让五到十位嘉宾回答有关世界时事和流行文化的问题，在此过程中，他们了解到放债是如何不公平地对待贫困的人们。在宣布某人获胜后，我们就此问题、潜在解决方案以及他们如何参与进行了讨论。这种教育型的娱乐方式效果很好，特别是当主题与事件相关时。

➤ **天文学：**这是我见过的执行得最好的互动娱乐体验之一，是音乐家特拉维斯·斯科特和在线游戏"堡垒之夜"（Fortnite）之间的合作。由于"堡垒之夜"的设置允许数百万用户每 100 人为一组同时进行在线互动，他们调整了环境，让特拉维斯能够举办一场完全沉浸式的虚拟现实音乐会。这场音乐会包括令人难以置信的特效和布景转换，可以让用户在舞台前跳舞、在太空中飘浮、在水下游泳等。

➤ **密室逃脱：**你可能会说，独自待在家中使用电脑并不是一个令人信服的逃生室环境，但宾夕法尼亚州的彼得斯镇公共图书馆创建了一个以哈利·波特为主题的在线游戏，结果在网上疯传。其前提条件非常简单。用一个带有多项选择答案的谷歌表格，让人们猜谜语；如果他们选择的答案正确，就会找到下一个逃离房间的线索。所有问题都是以哈利·波特为主题的，而且非常有趣。我喜欢它的地方是，所有技术都是免费的，你可以把联系发送给任何人。像这样的逃生室或谜语挑战游戏可以作为一个很好的入门级挑战。如果解题成功，你就能获得参加活动的联系，或者如果在活动时挑战成功，你就能赢得一些奖品或成为会员。

　　无论你想尝试创建公司文化、发展业务还是建立事业型社群，甚至只想发展理想的社交圈，现在你已对影响我们的这些因素有了透彻的了解。你知道该如何建立信任和联系，以及如何营造社群感。归根结底，我在这里分享的一切都是为了支持你和你的组织，使你能够快速成长并享受到更高水平的有效性和影响力。它可以用于与客户的一对一接触、小组的社交聚会，或大型的商业或事业活动。使用这种方法，将使你与朋友、客户和联系人建立更深入、更有意义的关系，而且过程不仅会更愉快，也会更加符合你的价值观，更针对你所关心的事情。

　　对你来说，下一步要做的是对此进行尝试。开心地与你有兴趣联系的人聚在一起，并继续扩展下去。随着你的体验的改善及你的社群的发展，你将逐步增强信心，会与更有影响力的人建立起联系，最终会获得令人惊讶和难以置信的结果。

# 一个可以改变你人生的邀请

　　10 岁时，达里尔·戴维斯终于有机会在美国居住一段时间了。在从事外交工作的父母身边长大意味着他们全家每两年就要从一个国家搬到另一个国家。作为一个友善外向的孩子，达里尔在就读的国际学校很受欢迎，但现在，他终于回到了家，居住在他出生的国家。第一次，他可以加入伟大的美国童子军了。

　　几个月后，他的编队被邀请参加从列克星敦到康科德的游行，以纪念保罗·列维尔的骑行。穿着新熨好的制服，佩戴着徽章，男孩们在街上骄傲地游行，突然，不知从哪里冒出来的瓶子、罐头和石头砸到了达里尔的头上。达里尔感到很困惑，为什么那些人不喜欢童子军呢？在恐慌和混乱中，编队的领队将他围起来，带到了安全的地方。作为队伍里唯一得到保护的人，他意识到，那些人不喜欢的是他，但他不明白为什么，大人也没有告诉过他。

　　回到家，当父母看到他受伤的脸时，他讲述了事情的经过。随后，他的父母让他坐下来，第一次向他解释了什么是种族主义。因为在不同的国家长大，所以达里尔的同学们的身材、体型和肤色各不相同，背景也各不相同。他本以为，每个团体都是这样的。而现在，他是队伍中唯一的黑人。作为一个年仅 10 岁的孩子，他无法想象有人会在不认识他的情况下恨他到了对他施暴的程度。如果有人在乎他的肤色，那应该是很愚蠢的，所以他认为，他的父母是在编造有关种族主义的概念。直到一个月后，马丁·路德·金牧师被暗杀，全国各地的城市爆发骚乱，他才明白，种族主义是真实存在的。

达里尔慢慢长大，他追随自己的爱好，获得了爵士乐学位。有时，他有幸与查克·贝里（Chuck Berry）这样的巨星一起在巡回演出中演奏蓝调、布吉和摇滚乐。但是这个问题一直在困扰他：你都不认识我，怎么就能恨我呢？

电影《都市牛仔》上映后，人们对乡村音乐的文化需求激增，为了全年不停地工作，达里尔加入了一支原本全是白人组成的乡村乐队。这意味着，大多数时候，他是出现在演出现场唯一的黑人。一天晚上，在马里兰州弗雷德里克镇一家名为银元休息室（Silver Dollar Lounge）的全白人酒吧，当他走下舞台后，一名男子搂着达里尔的肩膀说："我从未听过有哪位黑人弹钢琴能弹得如杰里·李·刘易斯那样好。"达里尔解释说，他认识杰里·李·刘易斯，而杰里的风格就起源于黑人。这个男人不相信达里尔的话，但对达里尔本人却很好奇，于是邀请他到自己的餐桌旁坐下来，与他和他的朋友们一起喝一杯。当达里尔举起一杯蔓越莓汁，两人一起举杯时，这个男人说："这是我第一次和黑人喝酒。"达里尔可能是第一个承认他对这种情况有点不明白的人，问那个人："这怎么可能呢？"

这个男人默默地低头看着桌子，他的朋友们催促他回答，然后他解释道："因为我是三K党的成员。"于是达里尔大笑起来；他认为那人一定是在开玩笑。毕竟，为什么一个三K党成员会拥抱他还邀请他喝酒呢？但是，当男人拿出他的三K党党员证时，达里尔立即停止了笑声。该男子确实是白人至上主义组织的成员。他们又聊了一会儿，那个男人给了达里尔自己的电话号码，要求在下一场演出前打电话给他，这样他和他的朋友们就可以"来看那个演奏得像杰里·李·刘易斯一样好的黑人"。每隔六周，达里尔就会打电话给他，这个男人会和三K党男女成员们一起出现。有些人想和他见面，有些人会掉头走开。几个月过去了，达里尔意识到，他可能终于能够回答自第一次童子军事件以来一直困扰他的那个问题了：人们为什么会讨厌彼此？

如果要描述那个瞬间，"电光火石般的一刻"可能是最恰当的描述。打那时起，达里尔决定走遍全国，采访三K党成员。首先，他请酒吧里认识的那个人将自己介绍给马里兰州的"巨龙"（三K党州分会的首领头衔）罗杰·凯利。达里尔从未隐瞒自己是黑人的事实，但也从来没有人想过要问这个问题。因此，当罗杰带着他的私人保镖"大夜鹰"出现在采访现场时，他俩都惊讶地看到，他们的死敌，一个黑人，就站在他们对面。出乎达里尔的意料，他们握手了，在递给他们一杯冰镇苏打水并就座后，采访开始了。达里尔和罗杰面对面坐了三个小时，旁边除了一台录音机和一本《圣经》，其他什么都没有。每次，当这个三K组织首领声称他做的是"上帝的工作"时，达里尔都会要求他出示证据。

气氛非常紧张，当一个突发的、不知来自何方的未知声音惊动了所有人时，达里尔跳了起来，以为这个三K党人要做些什么，出于本能，他差点就出手攻击了"巨龙"。与此同时，"大夜鹰"去拿他的手枪，也以为达里尔要做什么。幸运的是，他们很快意识到，未知的声音来自因冰块融化导致的汽水罐的移动。于是，他们都笑了。

在接下来的几年里，达里尔到全国各地找寻三K党和新纳粹分子。他特别想见的一个人是鲍勃·怀特，他是另一个"巨龙"，也是马里兰州巴尔的摩市的前警官。当时他因密谋炸毁一座犹太教堂而入狱四年。即使被关狱中，他仍然很活跃，远距离操控着三K党的行动。在他获释几年后，他再次因意图用猎枪袭击两名黑人而被捕。因这一罪行，他被加刑三年。当他第二次获释时，达里尔终于有机会和他坐在一起。用达里尔的话说："这个人是个极端暴力分子、反犹主义者、种族主义者……你能说出来的他都有。世界上所有的错误，在他眼里都来自黑人和犹太人。"他们进行了交谈，谈了一次又一次，不间断地又谈了很多次。达里尔不遗余力地花时间与一个宁愿杀死他也不愿接受他和自己一样平等的人相处。但是，随着时间的推移，变化出现了。那些短暂的人性互通的时刻出现了。通过多次会面和达里尔的善良本性，两人变得亲密起来，并惊人地成了最好的朋友，由于与黑人成为朋友的想法不符合三K党的教义，鲍勃·怀特离开了三K党。

在针对犹太教堂的未遂爆炸事件发生时，鲍勃不仅是三K党的一员，还是巴尔的摩市的警察局长。他是潜入警察局的卧底三K党人。如果达里尔没有介入并花时间去了解一个无缘无故恨他的人，那么很有可能会有更多的悲剧降临在巴尔的摩的黑人和犹太人社区。

距离达里尔的第一次采访已经过去30多年了，事实证明，在那一天，他发现了不认识他的人为何仇恨他的答案。当采访中那个未知的声音响起时，恐惧出现，这种不确定性让双方都做出了生命在受到威胁时的本能反应。达里尔说："因不知道那个声音是什么，那种无知让我们害怕，那种恐惧导致了突然的强烈的仇恨，差一点引发了毁灭性行为，即要么他们开枪打我，要么我伤害他们。这也是小时候那些不认识我的人向我扔瓶子和石头的主要原因。他们不认识我，所以才害怕我，进而仇恨我，然后做出毁灭性的行为。所以，唯一的解决办法就是让人们了解我。"

在过去的30年里，达里尔采访了数百名三K党成员。其中有两百多人抛弃了白人至上主义意识形态，50多人把自己的长袍交给了达里尔，远离了那种充满仇恨的生活。很难想象这会产生怎样的影响，这不仅会影响到他们的生

活以及他们的朋友、家人和孩子，而且会影响到无数本来
会成为受害者的人们。在与达里尔第一次面谈大约 10 个月
后，罗杰·凯利被升为"帝国巫师"（三 K 党对全美总领袖
的称呼），但达里尔却从未放弃过他。年复一年，他们保持
着交流和联系，七年后，罗杰离开了三 K 党，并把自己的
长袍送给了达里尔。

除了达里尔无以言表的勇敢之外，我喜欢这个故事的
原因是：它展示了"邀请"不可思议的影响力。它表明，
我们的影响力是伴随着我们与人联系、他们对我们的信任
程度以及我们培养出的社群意识而产生的。并且，通过坚
持和努力，我们可以创造前所未有的成果。达里尔之所以
能够影响这些白人至上主义者，是因为他找到了一种通过
采访建立联系的新颖方式，通过会面和对话建立起信任，
并且，随着时间的推移，他能够将他们拉入自己的社群。
他的故事表明，尽管我们可能觉得人们比以往任何时候都
更加仇恨和愤怒，但这有可能只是因为隔绝、恐惧和孤独。
如果说偷"蒙娜丽莎"的窃贼教会了我们什么，那就是什
么事物我们接触得越多，它就越容易吸引我们。也许，更
多地接触他人有助于让他们喜欢我们，我们也喜欢他们。
毕竟，如果一位来自三 K 党的"巨龙"及"帝国巫师"可
以和一位黑人摇滚音乐家成为最好的朋友，那么，没有一
个人是你无法与之建立联系的。

在写这本书时，我意识到，解决任何问题的最短途径
可能是发出邀请，因为，当有人接受邀请时，我们可以创

造奇迹。邀请的美妙之处在于：它能够从根本上改变局势。在有人接受邀请的那一刻，他们已经承诺并表明了他们参与的愿望。这时，局面就从有人想要他们参与转到了他们主动想要参与。而这一切都始自达里尔邀请三 K 党成员谈话、珍·尼迪奇邀请女性参加慧俪纤体活动、人们被邀请与 NMSS 一起骑行、我邀请人们参加"影响者晚宴"，或者你邀请某人来了解你的公司、事业或项目的那一刻起。

那一刻是一个起点。有时，你需要勇敢地发出邀请，比如约你喜欢的人；在其他时候，邀请也是令人愉快的，比如当你们两个结婚时，你想让你认识的每个人都和你一起庆祝。

我所知道的最荣幸的事情莫过于招待人们一起做饭、打扫地板和洗碗。在此过程中，我们不仅培养了持续一生的深刻而有意义的关系，而且，通过为事业筹集资金、提高对问题的认识以及相互支持，我们也带来了积极的影响。所有这一切都始于你对一群朋友发出的一次邀请。

所以，我现在对你发出一个邀请。

我们诚挚地邀请你参与改变生活的体验。有史以来，人们从未像现在这样孤立、孤独和彼此脱节。毫不奇怪，无论你收入多高、多么成功，这些感觉都会影响人们。现在，你拥有了与他们建立联系、发展信任和营造社群意识的所有工具和知识。在实施的过程中，你将有幸变得更快乐、更充实、更健康，你会在事业上取得更大的成功，对你所关心的事业提供帮助，对你所爱的人的生活以及其他几乎所有对你很重要的事情产生积极的影响。

你可能很好奇谁将与你同行，答案是你期待中的任何人。只是，这可能需要一些时间。

也许，你可能不会用到本书中的任何想法，我所期待的只是，你主动去接触人，也许是几个人，也许是几百个人，然后找到一些可以互相联系的支点，持续地坚持下去。无论做什么，都用自己的传统、活动和语言让它成为你自己独有的，让它符合你的价值观。

如果你接受，请告诉我。令人难以置信的生活在等着你，而这一切都始于一个邀请。


你忠诚的，

约翰·利维

"影响者晚宴"创始人兼主持人

# 找到属于你自己的社群

两年前，在收到新华出版社编辑发给我的《高维社交》这本书的英文原版图书后，我马上通读了一遍，当即被作者在书中讲述的自己的故事强烈吸引住了：当年还不到30岁的他，受困于半个多世纪以来最严重的经济衰退中，其个人债务不断增加、创业失败、体重超标，成了"没有发挥出潜力者"的典型代表。然而，在接触到几个重要的理念后，他马上做了改变并付诸行动。其中一个重要的理念就是：

决定我们生活质量的基本要素是我们周围的人，以及我们与他们的对话。

意识到建立有意义的关系的重要性后，作者做出了自己以前甚至不曾想过的事：邀请一些陌生人——其中很多是各行各业最有影响力的人，让他们为自己准备晚餐。在十年的时间里，这顿晚餐被许多参与者认定为自己所经历过的最为独特的用餐体验。而作者本人则借此活动还清了所有债务、受邀做了 TED 演讲、走遍了世界各地，还被 *Elle* 杂志评为美国最杰出的单身汉之一，一跃成为热门电视节目的科学顾问，并成功推出了一家咨询公司，拓展了自己在世界范围内的演讲事业。

本书还讲述了其他案例，其中大多数人都在人生低谷或困顿之时，通过邀请处于同样境地、有着相似需求、需要同等帮助的人，建立起一个基于信任、着重于自我发展、自我成就的共同社群或团体，由此重塑了希望和信心，开启了人生的新篇章。

这本书让我想起了自己十几年前的经历。那时，我正处于自己的低谷期，孤独、绝望、心情抑郁，似乎以往的一切都被一场生活变故颠覆，不知道生活的方向在哪里。就在这个时候，有朋友向我推荐了心理学，尤其推荐了存在主义心理治疗学派的李仑老师，恰好他即将在我居住的城市带领一场为期三天的存在主义成长团体。就像一个溺水者试图抓住最后一把救命稻草一样，我抓住了这个机会，把自己硬生生扔进了一个由陌生人组成的团体。在这里，我审视过往的生活，审视自己的一切，在活动中和这些陌生人变得越来越了解和熟悉，从他们那里得到很多真诚的、不同角度的反馈和感受，而这些是我平时在其他人那里很难获得的。活动结束时，我过往的情绪感受和自我认知均受到极大冲击，甚至导致了某些程度的自我怀疑，但我深切感受到，这才是我所需要的、能促进自我了解、可以重建我的心态和行为方式，乃至重塑我的生活的一个圈子。从此，只要一有机会，我就会参加此类团体活动。和以往相比，我现在的生活也发生了重大的变化，我也已成为一名能够助人自助的心理咨询师。

对我来说，与自己当年的同事和一直以来的好友刘笑妍女士共同翻译这本书的过程，是一个难得的开心旅程。我们都认为，这本书给我们个人也带来了很多宝贵的视角，以及可以应用于实际生活的宝贵理念。这些理念有：

> 人际关系是任何成功的商业或社会运动的关键因素
> 快速建立信任对于创建社群至关重要
> 人们更看重的是他们所做的贡献，而不是所得到的东西
> 在创建社群时，共同的价值观很重要，但多样性也很重要
> 如果能设身处地为他人着想，你就能与任何人建立联系
> 强大的社群会给人们带来强烈的归属感
> 了解行为心理学将有助于你设计出更好的活动
> 当尝试创建一个社群时，请从你希望达到的目标开始
> 有时候，建立最强大的社群联系只需要从一杯咖啡开始

　　而最重要的是，请记住下面这个方程式：

$$影响力 = (联系 \times 信任)^{社群意识}$$

　　再次感谢新华出版社继委托我翻译《注意力危机》后对我的又一次信任，感谢好友刘笑妍女士和我共同翻译这本书，感谢新华出版社的高映霞女士就翻译和出版事宜与我们进行高效及时的联系和具体指导。

　　最后，祝读者们都能从本书中有所获益，找到属于自己的圈子和社群，从中得到自我了解、提升和成长，进而有益于社会的发展与和谐稳定。

董亚丽

2024 年 6 月

# 注 释

## Chapter 1: The Power of an Invitation

1. "Frederick Douglass / My Escape from Slavery Audiobook," YouTube, July 23, 2014. https://www.youtube.com/watch?v=jGi9jtS7MKc.

2. Frederick Douglass (n.d.)., retrieved August 8, 2020, from https://www.pbs.org/wgbh/aia/part4/4p1539.html.

3. "10 Facts on Obesity," World Health Organization, October 16, 2017. https://www.who.int/features/factfiles/obesity/en.

4. Marisa Meltzer, *This Is Big: How the Founder of Weight Watchers Changed the World* (*and Me*) (London: Chatto & Windus, 2020).

5. Robert J. Cole, "H. J. Heinz to Buy Weight Watchers For $71 Million," May 5, 1978. https://www.nytimes.com/1978/05/05/archives/hj-heinz-to-buy-weight-watchers-for-71-million-hj-heinz-agrees-to.html.

6. Nicholas A. Christakis and James H. Fowler, "The Spread of Obesity in a Large Social Network over 32 Years," *New England Journal of Medicine* 357 (July 2007): 370–379, https://www.nejm.org/doi/full/10.1056/NEJMsa066082.

7. Manisha Sinha, *The Slave's Cause: A History of Abolition* (New Haven, CT: Yale University Press, 2016).

8. Sinha, *The Slave's Cause.*

9. DeNeen L. Brown, "Frederick Douglass Needed to See Lincoln. Would the President Meet with a Former Slave?" *Washington Post*, February 14, 2018. https://www.washingtonpost.com/news/retropolis/wp/2018/02/14/frederick-douglass-needed-to-see-lincoln-would-the-president-meet-with-a-former-slave.

10. Tiziana Casciaro, Francesca Gino, and Maryam Kouchaki, "The Contaminating Effects of Building Instrumental Ties: How Networking Can Make Us Feel Dirty," *Administrative Science Quarterly*, October 6, 2014. https://journals.sagepub.com/doi/10.1177/0001839214554990.

11. Casciaro, Gino, and Kouchaki, "The Contaminating Effects of Building Instrumental Ties."

**Chapter 2: The Benefit of Belonging**

1. "Thirty Years of America's Drug War," *Drug Wars / Frontline.* Accessed August 8, 2020. https://www.pbs.org/wgbh/

pages/frontline/shows/drugs/cron/index.html.

2. "Interview, Dr. Jerome Jaffe," *Drug Wars / Frontline*. Accessed August 8, 2020. https://www.pbs.org/wgbh/pages/frontline/shows/drugs/interviews/jaffe.html.

3. Harsh Chalana et al., "Predictors of Relapse after Inpatient Opioid Detoxification during 1-Year Follow-Up," *Journal of Addiction*, September 18, 2016. https://www.ncbi.nlm.nih.gov/pmc/articles/PMC5046044.

4. "Bruce Alexander—Dislocation Theory of Addiction," YouTube, July 26, 2018. https://www.youtube.com/watch?v=05FPW4vwinA.

5. Bruce Alexander, "Treatment for Addiction: Why Aren't We Doing Better?" May 28, 2018. https://www.brucekalexander.com/articles-speeches/treatment arecovery/295-treatment-for-addiction.

6. Anne Christensen et al., "Significantly Increased Risk of All-Cause Mortality among Cardiac Patients Feeling Lonely," *BMJ Journals Heart*, January 1, 2020. https://heart.bmj.com/content/106/2/140.abstract.

7. Jamie Ballard, "Millennials Are the Loneliest Generation," YouGov, July 30, 2019. https://today.yougov.com/topics/lifestyle/articles-reports/2019/07/30/loneliness-friendship-new-friends-poll-survey.

8. Miller McPherson, Lynn Smith-Lovin, and Matthew

E. Brashears, "Social Isolation in America: Changes in Core Discussion Networks over Two Decades," *American Sociological Review* 71, no. 3 (2006): 353–75. Accessed August 12, 2020. www.jstor.org/stable/30038995.

9. Susan Pinker, *The Village Effect: How Face-to-Face Contact Can Make Us Healthier and Happier* (Toronto: Vintage Canada, 2015).

10. Susan Pinker, "Transcript of 'The Secret to Living Longer May Be Your Social Life,' " TED, April 2017. https://www.ted.com/talks/susan_pinker_the_secret_to_living_longer_may_be_your_social_life/transcript?language=en.

11. Julianne Holt-Lunstad, Timothy B. Smith, and J. Bradley Layton, "Social Relationships and Mortality Risk: A Meta-Analytic Review," *PLOS Medicine*, July 27, 2010. https://journals.plos.org/plosmedicine/article?id=10.1371%2Fjournal.pmed.1000316; Lisa F. Berkman et al., "Social Integration and Mortality: A Prospective Study of French Employees of Electricity of France—Gas of France: The GAZEL Cohort," *American Journal of Epidemiology*, January 15, 2004. https://academic.oup.com/aje/article/159/2/167/166374.

**Chapter 3: What Trust Is Made Of**

1. Jonathan B. Freeman et al., "Amygdala Responsivity to High-Level Social Information from Unseen Faces," *Journal*

*of Neuroscience*, August 6, 2014. https://www .jneurosci.org/ content/34/32/10573.abstract.

2. New York University, "Changing Faces: We Can Look More Trustworthy, but Not More Competent," *Science Daily*. Accessed August 12, 2020. www.sciencedaily.com/ releases/2015/06/150618121655.htm.

3. Karel Kleisner et al., "Trustworthy-Looking Face Meets Brown Eyes," *PLOS One*, January 9, 2013. https://journals.plos. org/plosone/article?id=10.1371%2Fjournal.pone.0053285.

4. Casey A. Klofstad, Rindy C. Anderson, and Susan Peters, "Sounds like a Winner: Voice Pitch Influences Perception of Leadership Capacity in Both Men and Women," *Proceedings of the Royal Society B*, March 14, 2012. https:// royalsociety publishing.org/doi/full/10.1098/rspb.2012.0311.

**Chapter 4: The Science of Building Trust Quickly, aka Why Everyone Loves a Dombås**

1. "Download Special Report: The State of Consumer Trust," *Morning Consult*, April 12, 2020. https:// morningconsult.com/form/most-trusted-brands-report-download.

2. Kurt Badenhausen, "How Michael Jordan Will Make $145 Million In 2019," *Forbes*, August 28, 2019. https://www. forbes.com/sites/kurtbadenhausen/2019/08/28/how-michael-

jordan-will-make-145-million-in-2019.

3. Smriti Bhagat et al., "Three and a Half Degrees of Separation," *Facebook Research*, February 4, 2016. https://research.fb.com/blog/2016/02/three-and-a-half-degrees-of-separation.

4. Peter Applebome, "At a Campus Scarred by Hazing, Cries for Help," *New York Times*, September 18, 2012. https://www.nytimes.com/2012/09/19/nyregion/amid-hazing-at-binghamton-university-cries-for-help.html.

5. "The Sateré-Mawé Tribe Subject Themselves to over 120 Bullet Ant Stings / Wildest Latin America," YouTube, Discovery UK, August 3, 2018. https://www.youtube.com/watch?v=Cb5BK2NMAwU.

6. "Wearing a Glove of Venomous Ants," *National Geographic*, YouTube, March 3, 2011. https://www.youtube.com/watch?v=XEWmynRcEEQ.

7. Vilma Pinchi et al., "Dental Ritual Mutilations and Forensic Odontologist Practice: A Review of the Literature," *Acta Stomatologica Croatica*, March 2015. https://www.ncbi.nlm.nih.gov/pmc/articles/PMC4945341.

8. Steven Shaw, "Matis Hunting Trials," *AskMen*. Accessed August 11, 2020. https://www.askmen.com/top_10/entertainment/top-10-male-initiation-rituals_3.html.

9. "Bruce's First Matis Ritual," BBC Studios, Bruce

Parry, YouTube, June 8, 2017. https://www.youtube.com/watch?reload=9&v=AuWAkt31BV8.

### Chapter 5: The Problem with Connecting

1. Jon Levy, Devin Markell, and Moran Cerf, "Polar Similars: Using Massive Mobile Dating Data to Predict Synchronization and Similarity in Dating Preferences," *Frontiers in Psychology*, September 6, 2019. https://www.frontiersin.org/articles/10.3389/fpsyg.2019.02010/full?report=reader.

2. Brett W. Pelham, Matthew C. Mirenberg, and John T. Jones, "Why Susie Sells Seashells by the Seashore: Implicit Egotism and Major Life Decisions," *Journal of Personality and Social Psychology* 82, no. 4 (2002): 469. https://pubmed.ncbi.nlm.nih.gov/11999918/.

3. Jonah Berger et al., "From Karen to Katie: Using Baby Names to Understand Cultural Evolution," *Psychological Science* 23, no. 10 (2012): 1067–73. https://journals.sagepub.com/doi/10.1177/0956797612443371.

4. "The Missing Piece: Mona Lisa, Her Thief, the True Story," IMDb.com, October 20, 2012. https://www.imdb.com/title/tt1816681.

5. Noah Charney, "Pablo Picasso, Art Thief: The 'Affaire des Statuettes' and Its Role in the Foundation of Modernist

Painting," *Arte, Individuo y Sociedad* 26, no. 2 (2014):187–198.

6. James Zug, "Stolen: How the Mona Lisa Became the World's Most Famous Painting," *Smithsonian Magazine*, June 15, 2011. https://www.smithsonianmag.com/arts-culture/stolen-how-the-mona-lisa-became-the-worlds-most-famous-painting-16406234.

7. Zug, "Stolen."

8. NPR staff, "The Theft That Made The 'Mona Lisa' A Masterpiece," NPR. Ac-cessed August 12, 2020. https://www.npr.org/2011/07/30/138800110/the-theft-that-made-the-mona-lisa-a-masterpiece.

9. Thomas Allen and Gunter Henn, *The Organization and Architecture of Innovation* (Burlington, MA: Elsevier, 2007).

## Chapter 7: Connecting with Global and Industry Influencers

1. Jim Dobson, "Billionaire Summer Camp: The Rich and Famous Flock to Sicily for the 7th Annual Google Retreat," *Forbes,* July 30, 2019. https://www.forbes.com/sites/jimdobson/2019/07/30/billionaire-summer-camp-the-rich-and-famous-flock-to-sicily-for-the-7th-annual-google-retreat.

2. "About Bilderberg Meetings," Homepage. Accessed August 13, 2020. https://bilder bergmeetings.org/index.html.

3. Silvia Amaro, "Here's Who's Going to Davos

This Year," CNBC, January 14, 2020. https://www.cnbc. com/2020/01/14/wef-2020-heres-who-is-going-to-davos-this-year.html.

4. Leah Binkovitz, "Why TED Founder Richard Saul Wurman Thinks TED Is So Last Century," *Smithsonian Magazine*, July 16, 2012. https://www.smithsonianmag.com/ smithsonian-institution/why-ted-founder-richard-saul-wurman-thinks-ted-is-so-last-century-2549699.

5. "History of TED," TED. Accessed August 13, 2020. https://www.ted.com/about/our-organization/history-of-ted.

6. "History of TED."

7. "Conversation with Richard Saul Wurman 'One Way': Richard Saul Wurman at TEDxGrandRapids," YouTube, TEDx Talks, June 16, 2014. https://www.youtube.com/watch?v=ec-ENp5P0A0; Binkovitz, "Why TED Founder Richard Saul Wurman Thinks TED Is So Last Century."

8. Bob Tedeschi, "Giving Away Information, but Increasing Revenue," *New York Times*, April 16, 2007. https:// www.nytimes.com/2007/04/16/technology/16ecom.html?_r=1.

9. Nico Bunzeck and Emrah Düzel, "Absolute Coding of Stimulus Novelty in the Human Substantia Nigra/VTA," *Neuron*, U.S. National Library of Medicine, August 3, 2006. https://pubmed.ncbi.nlm.nih.gov/16880131.

10. Dan Campbell, *Six-Word Memoirs* (Baltimore: America

Star Books, 2011).

11. "Awe," WordReference.com, 2020. https://www.wordreference.com/definition/awe.

## Chapter 8: Connecting with Community and Personal Influencers

1. Tibor Krausz, "The Red Bull Story: How World's Top Energy Drink Began in Thailand, but It Took an Austrian to Make It a Global Phenomenon," *South China Morning Post*, July 28, 2018. https://www.scmp.com/lifestyle/food-drink/article/2156996/red-bull-story-how-worlds-top-energy-drink-began-thailand-it.

2. THR staff, "Pepsi Revives Michael Jackson in Marketing Campaign," *Hollywood Reporter*, May 4, 2012. https://www.hollywoodreporter.com/news/pepsi-revives-michael-jackson-marketing-320347.

3. "Giving Wings to People and Ideas," Red Bull Energy Drink, Red Bull NZ. Ac-cessed August 13, 2020. https://www.redbull.com/nz-en/energydrink/company-profile.

4. Ed Gillett, "What Does Red Bull's Corporate Exit Mean for Underground Music?" *Quietus,* April 4, 2019. https://thequietus.com/articles/26290-red-bull-music-academy-closing-electronic-music.

## Chapter 9: The Structure of Community

1. David W. McMillan and David M. Chavis, "Sense of Community: A Definition and Theory," *Journal of Community Psychology* 14, no. 1 (1986): 6–23.

2. Pinker, "Transcript of 'The Secret to Living Longer May Be Your Social Life.'"

3. McMillan and Chavis, "Sense of Community: A Definition and Theory."

## Chapter 10: Membership

1. "Kamp Staaldraad," Wikipedia. Accessed February 12, 2020. https://en.wikipedia.org/wiki/Kamp_Staaldraad.

2. "10 of the Biggest Scandals in Rugby History," *Ruck*, December 16, 2019. https://www.ruck.co.uk/eight-of-the-biggest-scandals-in-rugby-history.

3. "List of Rugby Union Test Caps Leaders," Wikipedia. Accessed June 18, 2020. https://en.wikipedia.org/wiki/List_of_rugby_union_test_caps_leaders.

4. "ARU Admit Defeat in Bok Row," Internet Archive: Wayback Machine, June 27, 2007. https://web.archive.org/web/20070629225151/http:/www.news24.com/News24/Sport/Rugby/0,2-9-838_2137111,00.html.

5. Paul Rees, "Rugby World Cup: South Africa 37–20 Fiji," *Guardian*, October 8, 2007.

## Chapter 11: Influence

1. Kevin Morris, "Wikipedians Wage War over Capital 'I' in New *Star Trek* Film," *Daily Dot*, March 3, 2020. https://www.dailydot.com/society/wikipedia-star-trek-into-darkness-capitalization.

2. "Talk: Star Trek into Darkness," Wikipedia. Accessed October 19, 2015. https://en.wikipedia.org/w/index.php?title=Talk%3AStar_Trek_into_Darkness.

3. Joel Cunningham, "5 Great Books Too Short for NaNoWriMo," Barnes & Noble Reads, December 4, 2013. https://www.barnesandnoble.com/blog/5-great-books-too-short-for-nanowrimo.

## Chapter 13: Shared Emotional Connection

1. "Google Books Ngram Viewer," Google Books. Accessed August 13, 2020. https://books.google.com/ngrams/graph?content=cosplay.

## Chapter 14: What Is a Path and How Will It Change Your Life?

1. Anthony Cuthbertson, "This Google AI Can Predict When You'll Die," *Independent*, June 19, 2018. https://www.independent.co.uk/life-style/gadgets-and-tech/news/google-ai-predict-when-die-death-date-medical-brain-

deepmind-a8405826.html.

2. Brent Snook et al., "Taking Stock of Criminal Profiling: A Narrative Review and Meta-Analysis," *Criminal Justice and Behavior* 34, no. 4 (April 2007): 437–53.

3. Samuel Stebbins, "What's the Average Annual Income after Taxes in Every State?" *USA Today*, June 27, 2019. https://eu.usatoday.com/story/money/2019/06/01/how-much-the-average-income-nets-you-after-taxes-in-every-state/39530627.

4. "The Importance of Irrelevant Alternatives," *Economist*, May 22, 2009. https://www.economist.com/democracy-in-america/2009/05/22/the-importance-of-irrelevant-alternatives.

### Chapter 15: Designing a Path

1. Valorie Kondos Field, "Transcript of 'Why Winning Doesn't Always Equal Success,'" TED, December 2019. https://www.ted.com/talks/valorie_kondos_field_why_winning_doesn_t_always_equal_success/transcript.

2. Field, "Transcript of 'Why Winning Doesn't Always Equal Success.'"

### Chapter 16: Your Path for Creating Community

1. "Re:Work," Google. Accessed August 13, 2020. https://rework.withgoogle.com/print/guides/5721312655835136.

## Chapter 17: Creating Communities for Business Success

1. Leticia Gasca, "Leticia Gasca," TED. Accessed October 29, 2020. https://www.ted.com/speakers/leticia_gasca.

2. "Jakarta," Fuckup Nights, April 23, 2019. https://www.fuckupnights.com/jakarta.

## Chapter 18: Cause-Based Communities

1. T. Morgan Dixon and Vanessa Garrison, "Transcript of The Trauma of Systematic Racism Is Killing Black Women. A First Step toward Change … ," TED, April 2017. https://www.ted.com/talks/t_morgan_dixon_and_vanessa_garrison_the_trauma_of_systematic_racism_is_killing_black_women_a_first_step_toward_change/transcript?language=en.

## Chapter 19: Cultivating Company Culture

1. Barry Schwartz, *Why We Work* (New York: Simon and Schuster, 2015).

2. Dan Cable, Francesca Gino, and Bradley Staats, "The Powerful Way Onboarding Can Encourage Authenticity," *Harvard Business Review*, November 26, 2015. https://hbr.org/2015/11/the-powerful-way-onboarding-can-encourage-authenticity.

3. Daniel M. Cable, Francesca Gino, and Bradley R. Staats, "Breaking Them in or Eliciting Their Best? Reframing

Socialization around Newcomers' Authentic Self-Expression," *Administrative Science Quarterly* 58, no. 1 (2013): 1–36.

4. "Many Employees in North America and The United Kingdom Are Not Happy at Work, According to Achievers' Latest Study," *Achievers*. Accessed August 13, 2020. https://www.achievers.com/press/many-employees-north-america-and-united-kingdom-are-not-happy-work-according-achievers-latest.

**Chapter 20: Social Communities**

1. Time staff, "The Greatest Adventures of All Time: Ernest Shackleton," *Time,* September 12, 2003. http://content.time.com/time/specials/packages/article/0,28804,1981290_1981354_1981610,00.html.

2. Jessica Shepherd, "The Word on Oxford University's All Souls Fellows Exam Is: Axed," *Guardian*, May 14, 2010. https://www.theguardian.com/education/2010/may/14/oxford-university-all-souls-college-exam.

**Chapter 21: Developing an Online Community**

1. Meetup, "Nairobi Women in Machine Learning and Data Science," Facebook Watch, November 13, 2018. https://www.facebook.com/meetup/videos/2005513662878690/?d=n.

2. Meetup, "Meet Peter—Brompton Bicycle NYC,"

Facebook Watch, November 24, 2018. https://www.facebook.com/meetup/videos/204534770354004/?d=n.

3. Meetup, "Meetup Group Story-Food," Facebook Watch, February 17, 2018. https://www.facebook.com/meetup/videos/10156178785234588/?d=n.

4. r/pics, "Every Christmas, I Have to Buy the Exact Same Toy Truck for My Brother," Reddit. Accessed August 13, 2020. https://www.reddit.com/r/pics/comments/7gdfvm/every_christmas_i_have_to_buy_the_exact_same_toy.

5. r/pics, "Thanks to Reddit, Max Got His New Hummer Truck for Christmas!" Reddit. Accessed August 13, 2020. https://www.reddit.com/r/pics/comments/7m2ey7/thanks_to_reddit_max_got_his_new_hummer_truck_for.